市民力ライブラリー

# 市民協働の考え方・つくり方

松下啓一 著

萌書房

# 〈市民力ライブラリー〉の刊行によせて

近年とみに、価値の流転が著しい。主権国家ですら、その存在意義が問われる時代にあって、政府と市民の関係も変容を免れない。豊かさの指標が、人の温かさや思いやりにまで広がってきたこととも関係するが、政府と市民の関係を二項対立的にとらえるだけでは、市民の豊かな暮らしは創れない。対峙するだけでなく、ある時は協力、協調し、またある時は競争、競合するといった、重層的・複合的な関係性のなかでとらえていく必要があるだろう。これは市民にとって、自らの力が試されることでもある。こうした市民の力を発掘し、育むのが、〈市民力ライブラリー〉である。

市民力の同義語は、民主主義だと思う。私たちは、民主制社会に暮らしているが、アテネの昔から、この制度は扱いが難しい仕組みである。気を抜くとあっという間に崩壊し、人々を傷つけることになる。民主制が有効に機能するには、市民一人ひとりの自律性と、共同体の事柄を我がことのように思う貢献性が求められるが、民主主義のありようが問われている今日だからこそ、市民力を基軸に新しい社会を創っていこうではないか。
〈市民力ライブラリー〉と銘打ったのは、今後も継続するということである。市民にとって有用な知識や知恵を間断なく提供し続けたいと思う。それには、持続可能なシステムとたゆまぬ努力が必要になる。商業出版であることを意識し、その強みを活かしたと思う。〈市民力ライブラリー〉であるから、論者は研究者にかぎらない。さまざまな市民力の書き手が現れることも期待している。

松下 啓一

二〇〇九年五月

市民協働の考え方・つくり方＊目　次

# 市民協働の考え方・つくり方

# はじめに——この本で書こうとしていること

## 1　協働の誤解・協働の評判

### 協働とは一緒に汗を流すこと？

ほんの数年前まで、ワープロで「きょうどう」と打っても、「協働」には変換されなかった。そもそも協働という言葉自体が辞書にはなく、協同や共働から、それぞれの字を変換して、ようやく協働に辿りつくということを繰り返したものだった。ところが、今では協働は辞書にも載る言葉となり、私のささやかな体験はすっかり昔話になってしまった。

協働という言葉の普遍化は、自治体でつくられている協働のルールの多さを見ればよく分かる。私がはじめて、『自治体NPO政策——協働と支援の基本ルール　［NPO条例］の提案——』

（ぎょうせい、一九九八年）で、協働・支援条例のモデル条例を書き始めたころは、ほとんど参考事例がなかった協働・支援条例も、今では多くの自治体で制定されている。その他、要綱、指針という形式も含めると、協働ルールは自治体の標準装備になった。

ところが、協働という言葉が一般化し、全国の自治体で協働ルールがつくられるようになるにしたがって、協働とは何なのかという基本の部分があいまいになってきた。協働といえば、「市民と一緒に汗を流すこと」という理解が広がり、「どうすれば、仲よくうまくできるのか」に関心が集まっている。しかし、協働を市民・ＮＰＯが行政と一緒に汗を流すことに限定すると、結局、行政の土俵内での協働になってしまい、行政の魔力に絡め取られてしまうことになるだろう。それゆえ、今改めて基本にさかのぼって、協働の意味を考えてみようというのが、本書の問題意識である。

## 協働は協働推進課の仕事？

協働が市民・ＮＰＯと一緒に汗を流すということになり、役所では、協働は協働推進課など一部の課の仕事であると考えられるようになった。わが係では市民・ＮＰＯとの付き合いがないから、協働は関係ないと思うようになったのである。ＮＰＯ、協働と聞けば、すぐに協働推進課へまわすということが行われている。

これは市民も同じである。協働といえば、一部の（役所と仲のよい）市民・ＮＰＯがやることで、役所とは一緒に仕事をしない自分たちは、協働とは関係ないと考えるようになってしまった。

しかし、協働は協働推進課だけが行えばよいといった限定されたものではなく、役所の全職場、全職員の仕事そのものに、かかわってくる基本的な事柄である。市民にとっても、協働は一部の市民だけのことではなく、すべての市民に関係するものである。

こうした点からも、協働とは何かを考え直すべきときが来ているように思う。

## 協働は怪しい？

時々、協働は怪しいといわれることがある。信託論からの議論は、のちほど取り上げるとして、怪しいといわれても仕方がない例がいくつもある。

ある町では、図書館で本の貸出しや整理をしているボランティアを「協働さん」と呼んでいた。そこでの協働は、無料奉仕あるいは行政のお手伝いという意味で、これでは協働は怪しいといわれても仕方がない。

たしかに、ここ数年で、自治体財政が厳しさを増し、今後もますます困窮度を高めていくなかで、協働という考え方が注目されるようになってきた。行政の都合から協働が生まれてきたという一面は否定できないだろう。

しかし、生まれ、育ちが悪いからといって、ダメのレッテルを貼ってしまっては、人権研修のやり直しである。協働の本質にさかのぼって、協働の意義を再確認し、協働の優れた点を伸ばしていくべきだと思う。

## 2　協働を使いこなそう

### 自治の基本理念としての協働

「協働なくして地方自治なし」というのが私の立場である。地方自治を意訳すると私たちの幸せな暮らしということになるが、この暮らしを再構築する概念が協働といえる。こうした協働の意義をはじめに箇条書きでまとめておこう。

①　協働というのは、自治（まち）を実現するためのパラダイムであること。つまり、協働なくしては、自治はジリ貧に陥ってしまい、幸せな市民生活を続けることができなくなってしまう。

② 協働を実践するには、大変な手間がかかる。しかし、取り組まないわけにはいかない。
③ 協働は協働推進課だけがやっていればよいというわけではなく、全課・全職員にかかわるものである。
④ 同様に、協働は一部の市民・NPOだけの問題ではなく、全市民に関係するものである。

つまり、協働は、自治の関係者全員で取り組むべきテーマで、市民自治を再構築する概念であるということになる。

## 協働に自信を持とう・大いに使いこなそう

協働のこうした意義を踏まえて、本書では、次の二点に重点を置いて論じようと思う。

第一は、協働に自信を持とうというものである。

協働に対しては厳しい批判がある。ひとつは信託論からのもので、市民は政府の雇い主であるから、その雇い主が雇われ人と協働することはありえないというものである。もうひとつは、協働はしょせん手法で、やり方・技術レベルの問題だといった意見である。これに対しては、本書では、協働が市民自治・地方自治を実現するための基本概念であることを明らかにするものである。それによって、協働に取り組んでいる自治体職員、市民、議員に大いに自信を持ってもらおうと思っている。

第二は、協働を使いこなそうというものである。

協働の考え方は、よく分かるが、これを実践するのは容易ではない。知らないうちに、市民・NPOが行政の下請けになってしまうケースや、せっかく協働したのにむしろ相互の不信・亀裂が広がってしまったということも起こっている。

本書では、協働のポイントをしっかり押さえた上で、協働の実をあげるための仕組みを提案する。とりわけ、市民・NPOのイニシアティブが働く仕組みや市民が市民を支える仕組みを重点的に紹介したいと思う。

# 1　協働とは何か――協働の定義

## 1　二つの考え方

### 代表的な定義

協働をめぐっては、さまざまな定義がある（表1）。

一般に協働とは、行政と市民・ＮＰＯが一緒に活動することとされている。この立場からは、「組織と組織が、特定課題の解決のために、目的を共有して、互いに資源を持ち寄って、相乗効果をあげながら、協力して取り組むこと」（『仙台協働本――協働を成功させる手引き――』仙台市）が協働であるとされる。要するに、役所と市民・ＮＰＯ等が一緒に汗を流して、シナジー効果を発

### 表１　協働の定義例

**［自治基本条例］**

地域社会の課題の解決を図るため，それぞれの自覚と責任の下に，その立場や特性を尊重し，協力して取り組むことをいう（杉並区）

**［市民参加条例］**

市民と市がそれぞれの役割を自覚し，自主的な行動に基づいて相互に補完し協力することをいう（箕面市）

**［市民協働支援条例］**

市民等，事業者及び市が，お互いの提案に基づいて協力して実施する社会に貢献する事業をいう（大和市　協働事業の定義）

**［協働指針］**

県とボランタリー団体等が，共通の目的を達成するため，県又はボランタリー団体等の提案に基づき，事業の目的や内容等について双方で協議を行い，それぞれの果たすべき役割を明確にした協定等を結び，協力して公益的な事業を実施することとする」（かながわボランタリー活動推進指針）

協働とは，様々な主体が，主体的，自発的に，共通の活動領域において，相互の立場や特性を認識・尊重しながら共通の目的を達成するために協力することを言う（あいち協働ルールブック）

**［報告書］**

公益活動の共通目標を達成するために，パートナーの立場を尊重した対等の関係で，事業委託や共催，補助金提供などの形で共同事業を行ない，活動の成果を相乗効果的に創出させる，分権社会の実現を目指した戦略的な行為（吹田市市民公益活動協働促進研究会報告書）

揮させるのが協働である。

**ウォーミングアップも含めて**

協働は机上で考えられた概念ではなく、政策現場から生まれた概念である。これまで別々に（あるいは行政の下請けで）行動していた市民・ＮＰＯと行政が、対等で一緒に活動するようになったこと（あるいは活動すべきと考えられるようになったこと)、そして、その理論的なよりどころとして協働が使われるようになったのである。この協働概念をよりどころに、政策現場で行政と市民・NPOが一緒に仕事をし始めたという点は過小評価すべきではないと思う。

しかし、本当にそれだけでよいのかというのが私の問題意識である。ここでも私は少数派であるが、協働には、一緒に汗を流す協働と一緒に汗を流さない協働もあると考えている。たとえていうと、行政と一緒に汗を流す前のウォーミングアップも協働だと考えるのである。

このように考える最大の理由は、協働を一緒に汗をかくことに限定すると、結局、行政が手を出せる分野での協働となり、それが容易に、行政の下請けとしての協働に転化するおそれがあるからである。行政の土俵内での協働では、イニシアティブは行政が握り、結局、行政に押し切られてしまうからである。

この点は、本書の主眼であるので、後ほど詳しく論じるが、大事なのは公共目的に向かって、行政、市民・NPOのそれぞれが活動していることで、一緒にやるというのはひとつの方法にすぎないということである。

最初は勢いよく始まった一緒に汗を流す協働も、参加する市民・NPOが固定化するなかでジリ貧に陥ってしまうことがよくあるが、ウォーミングアップも協働に含まれるとすると、常に新しい市民・ＮＰＯが参入してきて、持続可能な協働になるからである。

## ２　参加・参画と比べてみると

### 参加・参画との違い――「く」があること

協働とは何かを考える場合、参加・参画との違いを整理してみると協働の意味がよく分かる。ここでは、その議論の前に、まず参加と参画の違いにふれてみよう。

参画は、男女共同参画社会基本法を契機に、広く使われるようになったが、参加と参画とではどう違うのだろうか。

大阪府の泉南地区で、市民の集まりがあり、この問題を問いかけたことがある。すると、前のほうに座っていた七〇歳はとうに過ぎているだろうと思われる年配の女性が、「先生」と手を上げたのである。その女性曰く、参加は、「く」がないけれど、参画は「く」がある、つまり、参画は、「苦」があって大変なことだというのである。たしかに一般には、参画とは、計画段階から市民が加わって考えていくものであるから、それゆえ「苦がある」というのは、ポイントをついていて、とても面白い表現だと思う。大変だけれども、それでも参画に取り組んでいかなければいけないというのが今日の状況でもある。

### 参加・参画の違い――決めたら徹底する

一般に、計画段階から市民が加わっていくのを参画といい、決まったことに加わるのを参加というとされる。なぜそうなるのかは、正直なところよく分からないが、おそらく参画の「画」という字を見て、計画とか企画をイメージするのだと思う。参加という言葉が色あせてしまって、参画とすることで、心機一転しようという意図もあるかもしれない。

参加を参画に変えるねらいは、市民をまちづくりの当事者にすることである。なぜならば、決まったことに加わっても、なかなか自分の問題としては意識しにくい。第一、面白くもない。最初から入って検討に加われば、自分の問題であると実感できるし、そこから責任も出て来る。参加を広く認めることは、無責任な市民を増やすのだという議論があるが、それは正反対である。

最近では、市民参加制度の検討会を行うと、参加と参画は大議論になる。座長の私は、正直、どちらでもいい派である。それは言葉の表現よりも実質的な参加を担保する仕組みを用意し、実際に実践するほうが大事だと考えているからである。ただ、みんなで決めたら、参加でも参画でも、どちらでもよい。

**図１　「参加・参画」と「協働」との違いのイメージ**

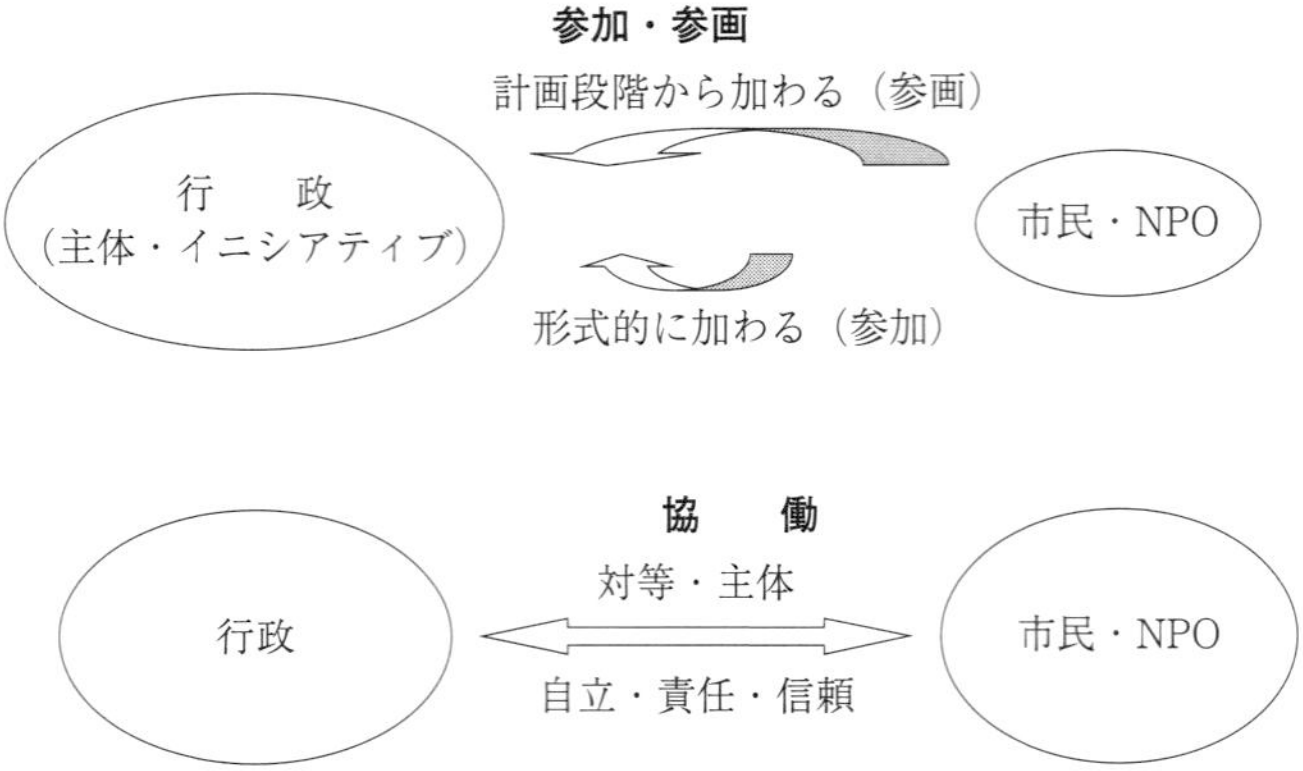


ただ、参画を採用すれば、参画を実践しなければいけない。以後は参加手続などと書いてはダメで、参画手続となる。参加者ではなくて参画者である。

**協働と参画の違い——何が大事なのか**

さて、協働であるが、ここで大事なのは、なぜ参加（以下は「参画」の意味で使う）とは別に、協働という言葉を用意するかである。

参加のうち、行政と一緒に汗を流すことが協働だとしたら、協働は参加の一部になってしまう。しかし、参加とはいわずにあえて協働というのであるから、独自の意味があるはずである。あえて概念を区別する積極的意味がなければならない。

両者を分けるポイントは、イニシアティブは誰が取るかである。

参加は、行政が主体で、それに市民が加わることをいう。つまり、イニシアティブはあくまで行政が取り、そこに最初から加わるか（参画）、途中から加わる（参加）かの違いである（その逆もある。市民がイニシアティブを取り、そこに行政が参加、参画する場合もありうる）。これに対して、協働は、行政と市民の両方が主体となり、自主的に活動し、お互いが対等であることは基本となる。そこから、信頼関係や責任が生まれてくる。

協働をこのように考えることで、参加とは違う独自の意義が生まれてくる。つまり、自治を担うのは行政だけでなく、市民・ＮＰＯ（企業も含む）も自治の担い手（公共主体）であることが明確になってくる。この違いをしっかりと押さえることが出発点となる。

## 3　パートナーシップと比べてみると

### パートナーシップから協働へ

協働の内容は、パートナーシップという言葉と対比すると、その意味がより一層明確になる。

私は、自治体で、パートナーシップという言葉が使われ始めた、「その時」を知っている。

一九九二年、横浜市の環境セクションにいた私は、市民と協働でリサイクル条例をつくった。リサイクルはいうまでもなく、市民の主体的な参加が必要で、行政と市民の協働が不可欠な政策である。当時、お互いが対等で、自立し、責任を持つというコンセプトを条例に表現しようとあれこれ考えたが、結局、適切な言葉が見つからなかったことを覚えている。

ところが、この仕事を終えて、一九九四年に都市計画局に移ると、そこではパートナーシップという言葉が溢れていた。しまったと思ったのをはっきりと覚えている。実際、都市計画局では、一九九一年には国際パートナーシップフォーラム、一九九二年にはパートナーシップ型まちづくり事業と、パートナーシップを冠した事業を行っていた。このパートナーシップという言葉との新鮮な出会いは、今でも忘れることはできない。

協働という言葉が出てきたのは、その後で、こちらのほうは、残念ながら「その時」を明確には覚えていない。ただ、一九九八年に出した私の本(『自治体NPO政策——協働と支援の基本ルール「NPO条例」の提案——』ぎょうせい)のなかでも、協働にふれているので、その二、三年前から、使われ始めていたのだろう。そして、気がついたら、今日では協働一色になってしまった。

## パートナーシップの意味すること

パートナーシップの意味を理解するのは、そう難しいことではない。パートナー、つまり夫婦を例に考えれば、よく分かるからである。夫婦は、憲法二四条を持ち出すまでのことなく、互いの人格を認め合い、対等で、責任を持ち、信頼関係があることが基本である。パートナーシップの関係は、ビジネスの世界でも、その他どこにでもある。

パートナーシップに関しては、パートナーシップ登録法という面白い法律がある。これは同性婚、つまり男同士、女同士でも結婚して夫婦になれるという法律である。要するに、同性同士でも、お互いを認め合い、責任を持って対等な関係で一緒にやっていくならばパートナーということである。

したがって、パートナーシップのポイントは、主体、対等、自立（自律）、責任、信頼という関係である。協働は行動に比重が移った表現であるのに比べて、パートナーシップは関係に重点を置いた表現である。

## 4　協働を再定義してみると

以上を踏まえて、協働の意義を再確認してみよう。

①　協働をキーワードで示すと、主体、対等、自立（自律）、責任、信頼である。つまり、行政と市民・ＮＰＯのそれぞれが、主体となり、対等の立場で、自立した存在として、自律・責任を持ち、相互に信頼関係を持ちながら活動するのが協働の前提となる。

②　こうした市民・ＮＰＯが、公共の担い手（公共主体）として公共課題に取り組んでいることが協働のポイントとなる。市民・ＮＰＯと行政は、時には一緒に活動する場合もあるが、一緒に活動しない場合もある。実際には、後者の場合のほうが多いと思う。

③　このように協働を考えると、協働は行政と市民・ＮＰＯの間だけでなく、市民・ＮＰＯと議会・議員間、公共セクターとしての市民・ＮＰＯ同士の関係でもあるだろう。

④　この協働の目的は、自治の実現である。つまり、市民を幸せにし、住んでよかった思えるまちをつくるのが目標となる。行政だけでなく、議会や市民・ＮＰＯが、それぞれが力を存分に発揮して、住みよいまちをつくっていく、それが、協働のねらいである。

# 2　なぜ今協働なのか――協働の覚悟

協働は、本来はしんどいことで、続けるには協働の覚悟が必要になる。逆にいうと、協働がうまくいくには、自治の関係者がそれなりの覚悟を持つことが必要である。本章では、協働の覚悟を考えてみよう。

## 1　協働には覚悟が必要

### 行政の本音・市民の本音

まず、行政の本音である。私は市役所に長くいたので、行政の気持ちはよく分かる。正直、協働はあまりやりたくないというのが大半の職員の偽らざる真情だと思う。協働をせずに、予算を自分たちの好きなように使って、政策を実施できれば、それに越したことがないからである。実は市民の本音も同じだと思う。できれば役所が全部やってくれて、市民のみなさまと頭を下げてもらえるのが一番いいのだと思う。

双方とも、協働をやらずにすめばそれに越したことはないというところが本音で、ここが出発点である。しかし、現実には協働をしないわけにはいかなくなった。協働の政策づくりでは、この本音の部分（協働はしんどい）をしっかりと踏まえて、協働の仕組みづくりを行う必要があろう。

## 逃げられないと思うこと

長い間、市役所で仕事をしたので、仕事のコツをいくつか体得している。コツのひとつは、ある程度手足を縛ることである（縛りすぎて、首まで絞めてはいけない）。要するに逃げ道がなければ、そこで頑張るほかないからである。同様に協働についても、協働しか方法がないと覚悟ができれば、協働が進む。

日本におけるパートナーシップ型まちづくりのモデルとなったのが、アメリカのまちづくりである。それを見ると協働が進む条件がよく分かる。アメリカのまちづくりを既定するのは道路網の発達と自動車である。白人有産階級が郊外に逃げてしまい、都市部には、低所得者や麻薬犯罪者などが残ってしまう。ダウンタウンが犯罪やスラムのまちになってしまうのである。そのスラムクリアランスの手法として、パートナーシップが使われる。スラムクリアランスをするには、そこに住んでいる人抜きでは行うことができない。住んでいる人と協働しなければまちをつくり直すことはできないのである。また、スラムクリアランスに取り組まないと、都市環境がますます悪くなってしまう。協働して実際にやり始めるしかないのである。こうした、いわば、やるしかないという状況があることが、パートナーシップ型まちづくりがうまくいく条件である。

## 2　地方自治という仕事から

### 私の仕事体験

アメリカのことを持ち出すまでもなく、身近な仕事の変化を見ても、ここ十数年で、仕事のやり方が大きく様変わりしている。これはベテランの職員ならば身に沁みて実感できると思う。

私の例でいえば、一九九〇年代初頭に行ったリサイクル条例の制定が、分水嶺のような仕事であった。それまでごみ問題といえば清掃であるが、これを行政・市民の関係で見れば、市民は朝八時半までにごみを出す人、市職員がそれを片付ける人という、一方向の関係である。ところがリサイクルになると、行政・市民の関係が変わる。リサイクルは、市民自らが、ごみになるものを買わない、再使用する、ごみに出す時は分別するといった、主体的行動が重要な要素となる。つまり市民自身の意思や行動が、リサイクル政策の成否を決定することになるのである。市民自身が自立（自律）し、責任を持つという協働の考え方を採用しないかぎり、リサイクル政策は実現しない。

次に移った都市計画でも状況は同じであった。よいまちは、行政だけではつくることができない。所有権が絶対だと主張し始めたら不統一なデザイン、けばけばしい広告だらけの街になってしまう。市民自身も相応の責任と負担を背負うことが必要になる。

要するに、おおむね一九九〇年代以降は、政策課題は役所だけでは解決できなくなってしまい、市民の主体的・自立的な取り組みが不可欠になってきたということである。役所の仕事そのものに構造変化が起こり、今までのやり方が通用しなくなったということでもある。

## 街という字をじっと見る

まちづくりには協働が必要であることを簡単に理解できる方法がある。

「街」という字をじっと見てほしい。じっと見ていると不思議なことに気がつくと思う。土が積み重なった建造物を行政が守るようにして囲っている……。

今日では、街とまちの区別はよく知られるようになった。一般には、漢字の街はハードのまちである。ハードとは、道路、建物、公園である。それに対して、ひらがなのまちは、ハードとソフトを含むまちを意味する。整備された道路や建物に加えて、歴史、文化、安全・安心、人と人とのふれ合いが、まちの要素ということになる。まちづくりとは、ハードとソフトのまちをつくることでもある。

ポイントは、ひらがなのまちは、誰がつくるのかである。いうまでもなく、歴史、文化は役所だけでつくれない。人と人とのふれ合いは、市民がつくるものである。街とは違って、まちは地域に住んでいる市民の主体的な取り組みなしにはつくることはできない。

しかも、私たちは、建物や道路だけが整備された漢字の街では満足できなくなっている。多くの人が、住んでよかったと思うまちは、ハードに加えて、歴史、文化、安全・安心、人と人とのふれ合いのあるまちである。住んでみたいと憧れるまちは、こうしたソフトがたくさんあるまちである。人はこういうまちに集まってくる。自治経営とは、ソフトがたくさん詰まったまちをつくっていくことでもある。

以上の説明で、協働の覚悟ができたろうか。

## 3　自治を取り巻く状況から

大半の人は、協働を覚悟するまでには至らなかったのではないか。ならば次は、自治を取り巻く状況から、協働の覚悟を考えてみよう。

### 地方分権がやってきた

二〇〇〇年から地方分権が動き出した。地方分権とは簡単にいえば、地方のことは地方に任せる、つまり権限と財源を地方に渡すから自分たちで考えろということである。たとえていうと、親である国は、子どものことに手を出さず、子どもである地方に任せるというのが地方分権である。

地方分権が推進された理由はいくつもあるが、本来、国（親）がやるべきことがたくさんあるというのが理由のひとつである。たしかに地球温暖化などの環境問題、中国や北朝鮮との外交問題など、国でなければ対応できない問題が山積している。今までのように、国が地域の細かいこ

図２　住民と市町村等との関係

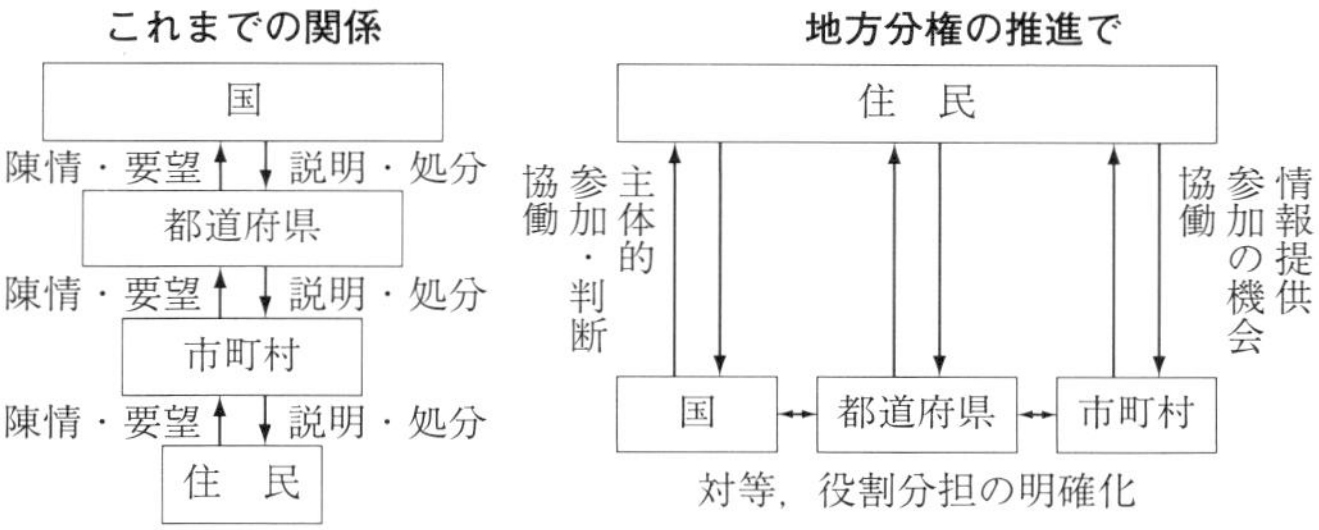


（出所）　松下啓一著『自治条例のつくり方』ぎょうせい，2007年。

とまで手を出している余裕は、とうていなくなったのはたしかである。

また現実的な問題として、国が約八〇〇兆円の借金を抱えていることもある。つまり親自身も借金を抱えていて、とても子どもにまわす余裕がないのである。その意味では、地方分権というのは、多少動機が不純であるが、現実には地方のことは地方に任せるしかないということでスタートした。

今までのように国の指示を受けて行う行政ならば、役所が国と連携を取りながら行えばうまくいったが、地域のことは地域で決めていくことになると、自治体全体（役所、議会、住民）で決めるのが正しいやり方になるだろう。住民の参加や協働が、まち（自治）づくりの基本的なやり方となってくる。

## 確実にやってくる人口減少社会

地方分権と三位一体の改革は、自治体に大きな影響を与え始めているが、これよりもずっと強烈で、影響が大きいのが人口減少である。人口構造の大変化は、地方自治だけでなく日本の社会全体に大きな影響を与えていく。

日本の人口は、弥生時代には五九万人、鎌倉時代は六八四万人いたそうである（いずれも端数が気になるが）。これが江戸時代になると一気に三〇〇〇万人を越え、明治維新、産業革命を迎えて急増し、その結果、二〇〇四年に日本の人口は一億二七七九万人になった。これは日本の歴史始まって以来の数字であり、そして、今後も、これ以上には増えない数字である。その後は、急速な人口減少となり、二〇五五年に日本の人口は約九〇〇〇万人になる。現在と比較して、約三分の二に、人数にして三八〇〇万人の人口が減ってしまう計算となる。

三八〇〇万人といっても、なかなかリアリティを持てないが、次のように考えると、よく理解できる。頭に日本地図を描きながら考えてみてほしい。

まず北海道で五五〇万人、九州沖縄で一三〇〇万人強、四国地方で四〇〇万人強の人口がいる。これで約二三〇〇万人である。三八〇〇万人には遠く及ばない。次に本州に入って、中国地方が七五〇万人、東北地方のうち福島県を除くと七三〇万人である。これで約三八〇〇万人となる。

**図3　日本の総人口の推移**

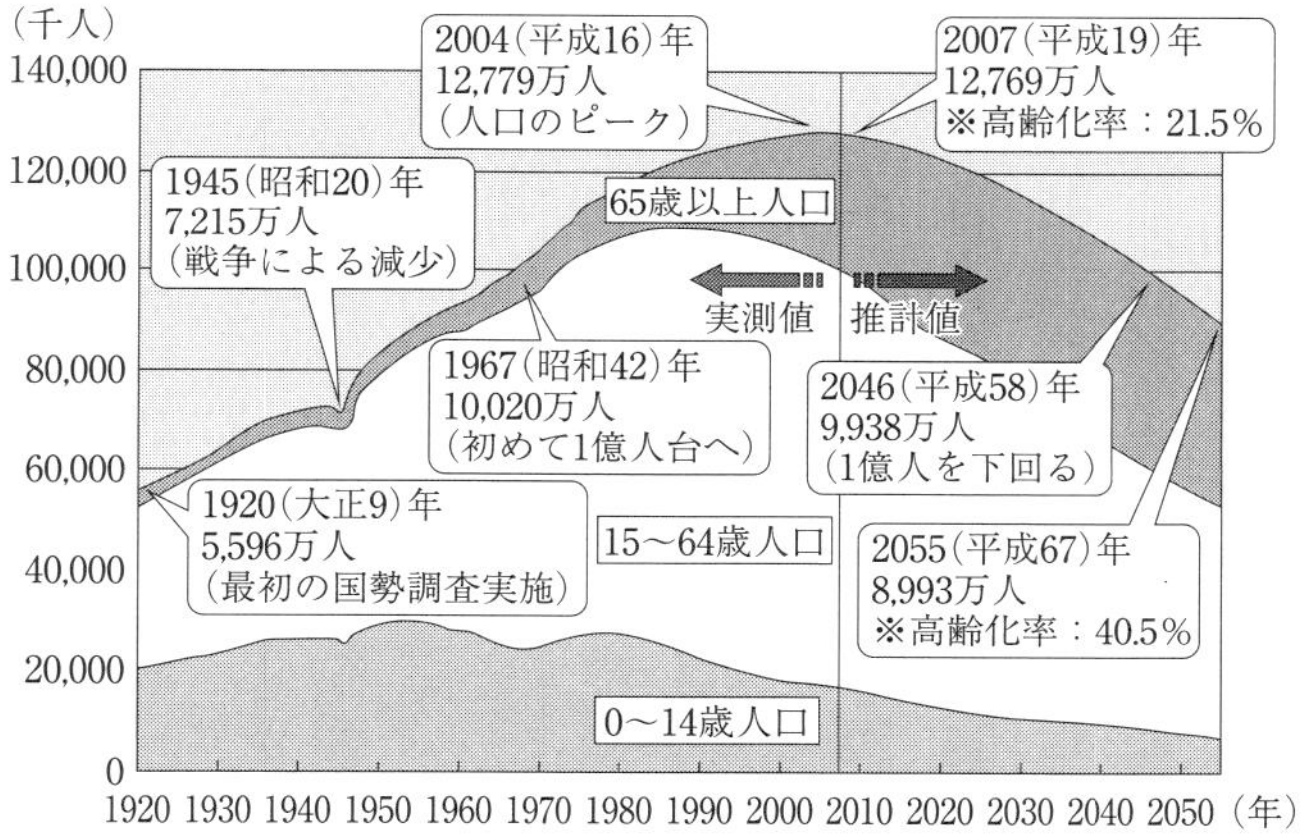


(出所)「平成20年度少子化社会白書」。

三八〇〇万人の人口減少とは、本州以外が消えて、本州のうちの中国地方と福島県を除く東北地方が消えるということである。結局、残ったのは、近畿地方、中部地方、関東地方と福島県だけということになる。

余談であるが、この人口減少の背景である非婚化、晩婚化について、学生たちに話をしたところ、「先生、女子大学との出会いの場を……」という意見があった。これは論点が違うように思う。

## まちづくり＋税収の問題

この人口問題が、まちづくりに与える最大の影響は税収の減少である。人口が三分の二に減ることは、税収が三分の二になるということを意味する。しかも、実際には人口よりも税収の減少率のほうが高くなる。なぜならば、最近は、若者の非正規雇用や派遣といった就労形態が多くなっている。しかし、これではキャリアを積むのが困難で、将来に向かっても低賃金で終始してしまう。それは結局、税金をあまり払わないということである。また、こうした不安定な就労形態は、安定雇用、終身雇用制度を前提に成り立っている年金や健康保険といったセーフティーネットを崩していくことになる。勤労世代が健康に働いて、高齢者や病人を支えていくというシステムが崩れ始めているのである。

高齢化の進展は、年金・健康保険といった社会保障費をさらに増加させる。兵庫県の試算では、二〇五〇年には社会保障費が現在よりも一・六六倍増えるとしている。ちょうど、戦後につくった道路や橋などの社会資本が建て替え時期に入ってくる。この点でもお金がかかる。

収入は大幅に減少するにもかかわらず、支出は大幅に増加する。この厳しい条件のもとで自治経営することを余儀なくされているのである。これは自分の家計の問題として考えるとその厳しさがよく分かるだろう。三〇万円の収入が二〇万円になる一方、病院代などの支出は一・六倍以上に増え、家の修繕費も出てくるなかで、暮らしを維持していかなければならないのである。

こうしたなかで明らかなのは、今までのような暮らしぶりでは破綻をしてしまうことである。現在の生活水準を維持するために、大幅に減少した収入でも、豊かに暮らす方法をみんなで考え実践していかなければならない。自治体職員は、こうした厳しい状況を乗り越えるために、大いに知恵を出さなければいけなくなった。これが自治経営であるが、ぜひ頑張ってもらいたい。

## 4　自治体の生き残り策を考える

### 大リストラでいこう？

以上のような難局に対して、みなさんならどのように対処するだろうか。

まず、思いつくのが節約だろう。

その典型例が合併で、平成の大合併の動機はコスト削減である。たしかに合併で二つを一つにすれば、その分のコストは減る。合併特例債も魅力である。反面、体が大きくなった分、血の巡り（住民間の連帯や信頼、コミュニティ）が悪くなる。手をこまねいていれば、血の巡りの悪さが徐々に自治体そのものを蝕んでいくおそれもある。合併を選択するのならば、この面の対策を十分に行う必要がある。

職員の削減も思いつく方法である。これを徹底したのが埼玉県志木市で、当時の市長は現在六〇〇人いる職員を五〇人にする計画を打ち出した。最後に残る職種はいったい何なのかというややマニアックな興味を持って調査に行ったことがある。その答えは判然とはしなかったが、多くの職場がなくなってしまうのは確実だろう。

この市長提案に対して、多くの市民は好意的だったとされているが、本当だろうかというのが私の率直な疑問である。つまり、職員が五〇人になれば、火事は自分たちで消すことになるからである。急病になってもおそらく救急車は来ないだろう。それでも、こうした暮らしぶりを市民自らが背負う覚悟ならば、すぐれたひとつの決定だと思う（なお、志木市については、その後、市長が代わった）。

### 収入を増やそう

削減だけでなく、収入を増やすというやり方もある。

まずは、住民に対する新税の賦課が考えられるが、対象となる新税メニューは意外と少なく、徴税経費も馬鹿にならない。第一、今の時代、そう簡単には市民合意も得られないだろう。

企業が来ればよいが、そう簡単には誘致はできず、おのずと来るのは迷惑施設になってしまう。迷惑施設もピンからキリまであるが、最近では、来るのはキリの方の迷惑施設ばかりになってしまった。

そのなかで面白い例が、山口県美祢《みね》市の刑務所誘致である。これはピンに属する迷惑施設である。

犯罪者の増加によって、刑務所が不足している。収容定員に比べて実際の収容人員のほうが多く、収容率が一〇〇%を超えてしまった。そこで、法務省は新しい刑務所をつくろうと考え、男女の初犯受刑者それぞれ五〇〇人、合計一〇〇〇人の刑務所をつくることとなった。これに対して、全国から五〇を越える自治体が名乗りを上げたのである。そのリストを見ると、いずれも過疎の地域である。

建設が決定した美祢市は、山口県西部に位置し（秋吉台があるところ）、中国自動車道が通る地方都市である。もともとは工業団地をつくって企業を誘致しようとしたが、工場が進出しないので、ここに刑務所を誘致しようと手を挙げたのである。

計画を見ると、受刑者は町の人口に算定されるので地方交付税の算定の基準になる。受刑者がいれば、それを管理する職員もおり、その家族もいる。これで地方交付税が一億四四〇〇万円、市民税が四〇〇〇万円、水道料も二二〇〇万円入るという計算である。その他、面会人の落とすお金、刑務所職員や家族の買い物等の効果も含めると、過疎化が進む地方都市にとっては大きな収入となる。多くの自治体が手を挙げた理由もよく分かるところである（現在、この刑務所は完成して民営刑務所として有名である)。

## 5　野球は九人でやろう

### 野球は九人とは

いろいろ知恵を絞ってみても、なかなか決定打は出ない。起死回生のホームランはそうは打てないのである。そうなると、やはり原則に戻るべきではないか。基本である自治の原則、民主制の原則である。

住民自治とは、自分たちで決めるということである。民主制とは、みんなで決めるということである。みんなで決めるには、自分勝手なことばかりいっていてもまとまらない。市民自身の自律性と共同体の事柄をわが事のように考える貢献性が要求される。この原点に戻ろうというのである。

この原則のもとでは、行政は、市民のために存在するという原点に戻って、再度、仕事を組み立て直すことになる。まだまだ、できることがあるだろう。議会も同じである。市民のために存在するという原則に戻って、行動することが求められる。議会ができることもたくさんあるだろう。

難局であるから、自治体の構成メンバー全員が、自治の原則、民主制の原則に戻って、行動を見直すべきというのが私の結論になる。

これを市民にも理解してもらうために、私は「野球は九人でやる」といっている。行政、議員、市民、これが野球の九人であるが、この九人で野球をやろうという話である。

私が市役所に入った三〇年以上前は、野球は役所、つまり内野の六人だけでやっていた。市民ニーズはさほど多くなかったので、内野だけで野球ができたのである。

ところが市民のニーズが多様化、高度化してくると、ボールがどんどん外野に飛ぶようになった。外野には議員がいるが、今までボールが飛んでこなかったので、あまり活躍する場面がなかった。ところが、ボールがどんどん飛んでくるということで、外野の出番が出て来たのである。議員は自治の専門家で、イチローであると私はいっている。レーザービームで本塁タッチアウトが議員の役割である。

市民はこれまで観客席にいて、野球を観戦していた。その市民もグラウンドに降りて、一緒に野球をやろうというのである。市民もライトゴロもありというくらいの活躍が期待される。

この九人野球は、第一回ＷＢＣの王ジャパン、第二回原監督の侍ジャパンであるが、相手は難敵であるので、全員野球でないと、とうてい試合に勝つことはできない（試合に勝つとは、みんなが幸せに暮らすことである）。

いいかえると、役所は市民のために働くという原則に戻ってしっかり内野を守る。議会も市民のために働くという本来のところに戻って外野をしっかりと守る。野球の九人がそれぞれのポジションをしっかり守ることが、協働のまちづくりである。

## 内野は六人？

内野を守るのは役所の役割であるが、実はこの内野が六人ではないという状況が起こっている。今、役所では退職者不補充といって、職員が一人退職しても補充が来ない、三人辞めても、ようやく一名だけが来るという状態が起こっているのである。その結果、六人だと思った内野が実は五人しかいないのである。一人でファーストとセカンドを守っているので、走りまわって忙しく、くたくたになってしまっている。

それでも稀に応援が来ることがある。ただし、その補充として大リーガー級のプレーヤーが来ればいいが、予算削減のおり、とうていそんなプレーヤーをスカウトする経費は出ないことから、結局、草野球級のプレーヤーがやって来る。契約条項があって、長期間は雇用できず、慣れたころいなくなってしまうというのが内野の現状である。この面からも、もはや内野だけで野球をするのは無理になっている。

以上のような状況を踏まえて、役所、議員、市民が協働（主体、対等、自立、自律、責任、信頼）できるように、共通の目標や考え方を決め、目標を実現するための仕組みをつくり、そして自治体（役所、議員、市民）のメンバーが頑張れるようにするのが、真の自治体経営である。

# 3　協働の理論——協働の自信

役所だけではなくて、議員、市民・ＮＰＯといった自治の関係者が、その役割を十分に果たし、元気で活躍してまちをつくっていくのが、自治をつくる唯一の方法であることが分かったと思う。本章では、これを理論として組み立ててみたいと思う。「協働の自信」とサブタイトルをつけてみた。協働の理論について整理をしてみよう。

## 1　公私二分論

### 公私二分論の意義

日本の法制度は、公私二分論で成り立っている。公と私を厳しく峻別し、公共的なことは政府

**図４　公私二分論**

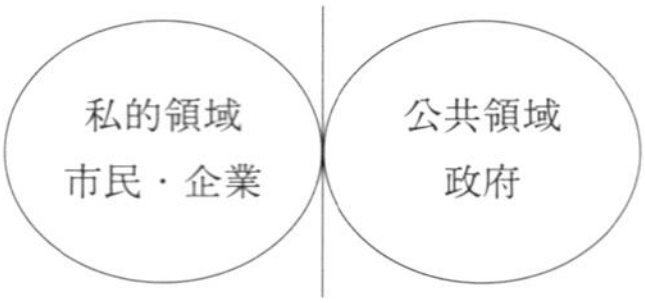


＊日本の憲法は公私二分論でできている。憲法89条では私的領域（慈善事業）に税金を出すのは憲法違反になる。

が担当するという考え方である。みんなのためになることは政府がやるから、市民は自分のことを考えていればよいということになる。

　もともと近代憲法は、公を担う政府の専横から市民の自由を守るためにつくられてきた。行政法理論は、政府の行動は、権力的で危険であるという前提で組み立てられている。市民は主権者で、政府はその市民がつくったものということになり（信託論）、そこから、政府は市民の私的自治に関与しないことがよいこととされてきた。たとえば、憲法八九条には公の支配に属さない慈善事業、つまり政府のコントロールの及ばない慈善事業に税金を支出するのは憲法違反と書いてある。

　フランス革命（一七八九年）当時は、これで市民は幸せになれたのだろう。政府の干渉を逃れて、市民は経済活動を行い、多くの富を手に入れることができた（反面、劣悪な状態で働く数多くの労働者を生んだ）。

　こうした公と私を峻別する憲法秩序の積極的意義は、よく理解できるところであるが、果たして、今日でもそのまま維持できるのか、少なくとも地方自治のレベルでは変容を免れないのではないかというのが私の問題意識である。

簡単にいうと、公私二分論（信託論）で、市民は幸せに暮らせるのかという疑問である。公私二分論は、政府が公共を担うということであるから、依然として税金でまちをつくるという発想である。みんなで選べば、これも選択であるが、ただ、少子高齢化時代にあっては、市民は今よりもずっと多くの税金を負担することになるだろう。市民はそれに耐え切れるのかという疑問もある。

実際に、公共の担い手が、政府だけではないことが明確になったのが、阪神淡路大震災であった。地震直後、私は神戸に入ったが、政府セクターの機能が麻痺するなか、市民・NPOは活き活きと活動し、政府の機能を代替していた。二一世紀の今日では、公共を担う市民セクターが大きく成長しており、それを抜きには公共は維持できなくなっている。

### 協働論への批判

公私二分論（信託論）からは、協働に対する厳しい批判がある。政府は市民がつくったものであり、政府の創造主（雇い主）である市民が、雇われている政府と対等な立場で協働するというのはおかしい。それにもかかわらず、あえて政府が協働をいうのは、何か怪しい意図があるのではないかというものである。

これは鋭い議論だと思う。たしかに政府は、市民の政府であって、市民の意を踏まえて活動するというのは当然である。だからといって、政府と市民・ＮＰＯの協働を否定するというのは、実態と合致していないといわざるをえないだろう。

政府は、重要な公共の担い手であるが、同時に、市民・ＮＰＯも、地域の政策現場で、公共の主体として活動を始めているからである。その両者がかかわりを持ってくるなかで、自然発生的に生まれてきた概念が協働である。つまり協働は、行政側の都合だけで生まれた理論というわけではなく、政策現場から生れてきたという点を軽視すべきではないと思う。

ついでにいえば、市民が政府をつくり、その政府をコントロールするために憲法をつくったとされるが、そこの市民とは誰のことだろうか。私もその市民に入るのだろうか。たとえば私は、日本国憲法が定める統治の仕組みについて、いくつかの点で異論を持っている（たとえば憲法八九条）。信託論によると、主権者としての私は、この規定を拒否ができるのだろうか。私は主権者であり、それゆえ、この規定は受容しないといったら許されるのだろうか（憲法違反として指弾されないですむのだろうか）。日本国民として生まれたのならば、ともかく憲法を受容し、あとは改正手続でといったら、市民は本当に信託権者といえるのだろうか。別の本に、私は信託契約書にサインした覚えがないと書いたが、主権者である私の意思は、この憲法に十分反映されているのだろうか。

絶対王政を乗り越え、国民主権をリードした信託論の考え方は、高く評価するものであるが、ここから地域のことすべてを律するのは無理があるように思う。

## 市役所や議会を規制するだけで幸せに暮らせる？

以上のことを私たちの暮らしから考えてみよう。

「市政」を抽象的に考えると、何か政治的で特別のことのように思えてしまう。しかし、まちに出てみると、市政とは、きわめて日常的なことであることがよく分かる。

どこのまちでも、市民の最大の関心事（＝市政の重要事項）は、地域の安全と福祉である。全国各地で子どもをねらう卑劣な犯罪が発生していて、子どもを安心して外で遊ばせることもできなくなった。経済的な不安やコミュニティの崩壊とあいまって、高齢者や障害者が安心して暮らせなくなっている。こうした課題を解決して、安心して元気に暮らせるまちであってほしいというのが、市民が市政に期待するところである。

問題は、こうした市政の重要事項を誰が、どのように解決するかである。むろん、これは政府の行動を規制しているだけでは解決できないし、政府だけに任せても解決できるものではない。政府が、子どもの安全のための政策を精一杯展開するとともに、市民、自治会やＮＰＯ、企業等（たとえば町を流しているタクシーなども）も活動して、解決に一歩でも近づくことができる。

二一世紀の現在、そして地方自治という政策現場で見ると、政府の行動を規制すれば市民はハッピーになれるということ自体が無理なことは、地域を歩くと簡単に分かる。政府とは別のもうひとつの公共の担い手をきちんと位置づけ、まち（自治）をつくっていくべきだろう。

## 国と地方とは違う

最近では、地方政府・地方主権論が盛んに喧伝され、地方の独立性を強調する議論も多い。ただ、打ち出しは勢いがよいが、議論の内実は実態が伴っていないように思う。

本来の意味で地方主権であれば、たとえば北海道では大麻所持は犯罪だが、九州では罪にならないといった、地方ごとの判断を許容することになるが、多くの論者はそこまでは踏み込んでいないようである（地方分権の国アメリカでは、州は独自の憲法・法律、警察や裁判所を持ち、軍隊さえも持っている）。地域でできることは、地方ごとの多様な選択を認めるべきであるといった程度の地方主権である。地方主導権といった内容で、あまりに当然のことである。

国と地方の関係については、今回の分権改革で、その違いがより一層明確になった。国は国際問題など国でなければできない問題を担当し、自治体は地域の身近な問題を担当する。自治体のうち、とりわけ市町村の仕事の大半はサービス業といってもよいであろう。事実、私は二六年間、横浜市で仕事をしたが、強制力の行使や強権発動といった権力的な仕事をした体験がない。学問上、権力的な仕事の代表とされるのが税や消防であるが、そうした仕事も大半は非権力的な手法で実施している。

市町村の仕事をサービス業と考えると、おのずと自治体全体の政策決定や執行の手法が規定される。上から権力的に命令するのではなく、話し合いを重ねながら、決定し、実行していく手法が中心となる。家庭でいえば、ワンマン親父が決定する方式は通用せず、家族みんなで話し合いながら決定していく方法にならざるをえないのである。

## 2　新しい公共論

### 新しい公共論とは

市民から委任された政府による一元的な決定では、市民ニーズを満たさなくなってきた。そこで、行政だけでなく、市民・NPOなどの多元的な公共主体による多様な決定、サービス提供によって、豊かな社会を実現していこうというのが、新しい公共論である。公私二分論（信託論）との対比でいえば、税金だけでなく、市民の英知、経験、技能も合わせて、まちをつくろうというのが、新しい公共論である。

それを図解したのが、**図5**である。担い手としては政府、民間という縦軸があり、何を実現するのかでは、横軸に私的利益と公共利益がある。担い手と実現目的をセットで考えてきたのが従来の公私二分論である。それを分解すると、この図になるが、そうするとCという、民間だけれども公共利益を追求していくという領域が出て来る。このAとCの両方を含めて公共と考えるのが新しい公共論である。

この図から、実はたくさんのことが分かるが、ここでは協働に必要な範囲で解説してみよう。

**図５　新しい公共の適用領域のイメージ**

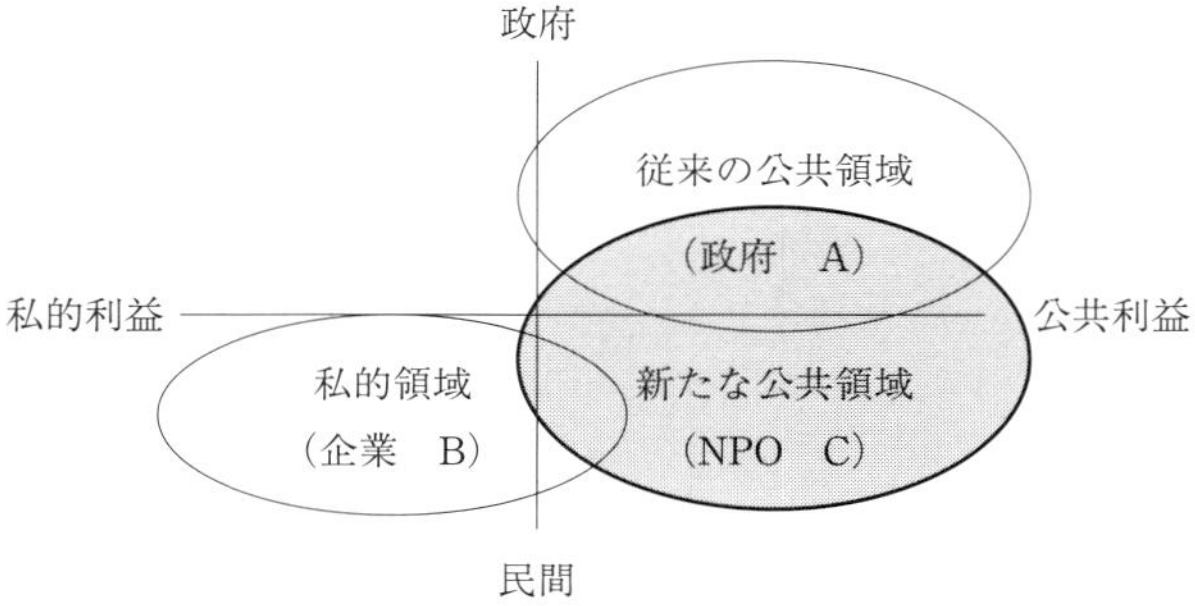


■新しい公共の適用領域
①公共領域・担い手の広がり
・行政の領域の減少
・公共領域の広がり
②公共セクター間関係
**・一緒にやる協働**
**・一緒にやらない協働**
③公共ルールの再構築
・旧い公共の市民化
・新しい公共の公共化

まず、今までの公私二分論では、公共領域（A）と私的領域（B）しかなかったために、政府が無理をして、Cの領域まで手を伸ばしてやってきた。私にも体験があるが、バブルのころは役所が主催してコンサートなどをやってきた。ところが、Cという領域をつくってみると、たしかにそれは公共利益だけれども、民間に任せるべき領域だということが分かり、政府がやるのは、政府が得意とするAの領域に限定されてくることになる。Cの領域で主導するのは市民・NPOで、政府は裏方で支援する役割となる。

公共を政府だけが担うと、どんなに頑張っても、Cの領域の下の部分までは手が出ないわけであるが、市民・NPOを公共の担い手と位置づけることで、公共領域全体では範囲が広がっている。

さて、ここで参加と協働をもう一度振り返ってみると、この図でいえば、Aの領域に市民が加わるのが参加である。市民の政府に市民が参加するものである。他方、Cの領域で、市民・NPOが公共主体として、行政と対等で、自立して、自律・責任、信頼関係を持って活動するのが協働となる。参加と協働の位置づけも、この図から明確になる。

## 協働の意味と内容

公私二分論に立ち、公と私を厳格に峻別する考え方では、協働という考え方は出て来ない。そもそも公的領域と私的領域の接点がないので、協働ということは考えられないからである。あるのは公共領域における市民の参加である。

新しい公共論で考えると、公共の担い手は、政府と市民・NPOの両方であるが、お互いに公共を担っている同士ということで協働が出てくる。新しい公共論で、はじめて協働が説明可能に

図6　協　　働

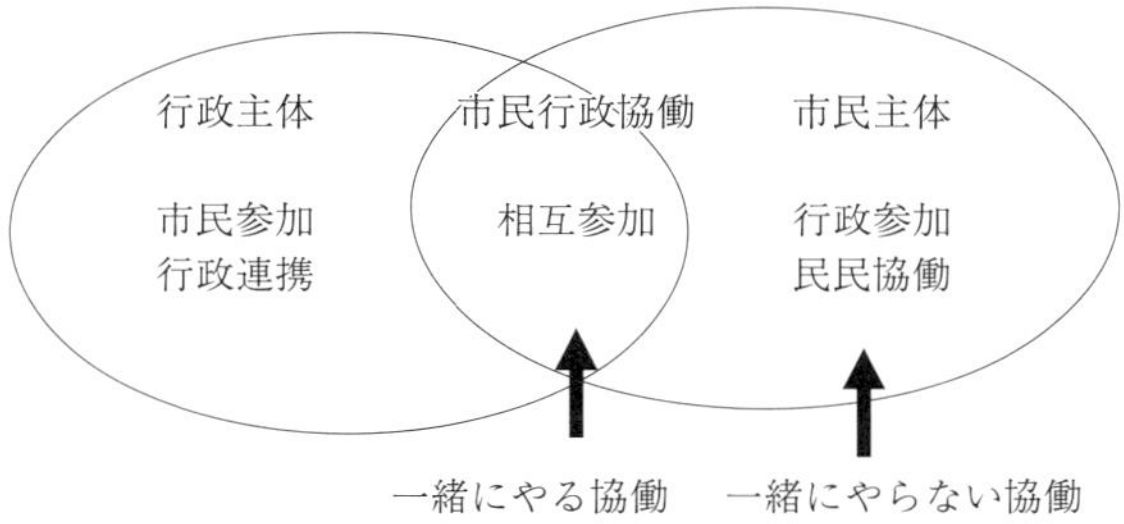


なる。

さらに協働にも二つあって、一緒にやる協働と一緒にやらない協働がある。

一緒にやる協働は、ＡとＣが重なり合っている部分、つまり政府が担う公共と、市民・ＮＰＯが担う公共の両方が重なり合っている場合である。これが従来考えられていた狭い意味の一緒にやる協働（一緒に汗を流す協働）の部分である（一面では行政領域内での協働であることに注意すべきである。**図5**参照）。

これに対して、一緒にやらない協働もある（時と場所をともにしない協働ともいえる）。これは一緒にやらないけれども、公共利益の実現を市民・ＮＰＯも担っている部分である。新しい公共論の図で見ると、Ｃの下の部分にあたる。ここでは一緒にやらないけれども市民・ＮＰＯが公共利益を担っているという意味で、協働ということになる。前述のように、協働の要諦は、主体・対等・自立・責任・信頼であるが、それぞれが公共利益を目的として、主体的に、対等で、自立して、責任を持って、信頼関係をつくりながら活動すれば、それも協働ということである。

協働を二つに分ける意味は、施策が違ってくるからである。

一緒にやる協働の場合は、一緒にうまくやるにはどうしたらいいかというのが施策の中心となる。それに対して、一緒にやらない協働では、市民・NPOが、主体・対等・自立・責任・信頼関係を持って、元気で活動するにはどうしたらよいのか、そのために行政は何をすべきなのかが施策の中身になってくる。

この二つの協働を盛んにしていくことが、地域を元気にし、自治体（役所、議会・議員、市民）が生き残れる唯一の方法だと思う。

## 公私二分論との違い——子どもの居場所づくりで考える

新しい公共論と公私二分論とでは、何が違ってくるのか。

子どもの居場所づくりという活動がある。両親が働いているため、子どもが学校から帰って来ても、家に閉じこもって、テレビを観たりゲームばかりしている。それではいけないと考えた母親たちがＮＰＯをつくり、マンションの一室を借りて、子どもの居場所づくりという活動を行っているのである。コミュニティ活動をもっとも盛んに行っているのは、三〇代・四〇代の人たちであるが、この活動も、市民の日ごろの問題意識から始めた活動である。むろん、この活動は行政と無関係に始まっている。一緒にやらない協働のひとつである。

この活動に対して、どのように対応するかは、公私二分論（信託論）と新しい公共論とで違ってくる。

公私二分論に立てば、これは市民が好きでやっている活動で、私的自治の範囲内であるから、行政は、邪魔はしないというスタンスになる。邪魔はしないので勝手にやってくださいということになる。他方、新しい公共論に立って、この活動を公共的な活動と位置づけると、行政は何らかのかかわりを持つことになる。求められれば、積極的に応援することもありうる。

今、自治体は、どちらを選択するかが問われている。どちらを選ぶかは、自治体ごとの選択であるが、私は、新しい公共論の立場によって、こうした活動を公共的活動と位置づけて、さまざまな協力・応援をしていくべきだと考えている。それが市民を幸せにするという自治の目的につながるからである。

## 公共ルールの再構築

新しい公共論でもうひとつ重要なことは、公共ルールの再構築についてである。

まずAの領域、これは政府の活動であるが、現在の役所のシステムや仕事の仕方が、市民のためという原則に合致しているかどうか、また議会や議員の活動が、市民のためという原則に沿っているかどうかを再度、見直す必要がある。私はこれを旧い公共の市民化といっている。行政、議会の全体で、こうした見直しが早急に行われなければいけない。

次に、Cの領域、市民・NPOの活動である。本来、市民・NPOの活動は法の関与を受けない自由の領域であるが、公共の担い手として機能する時は、一定の公共的な責務を負うと考えるべきである。社会貢献性のほか、一定の情報公開や説明責任もあると思う。NPO法では、法人格のあるNPOには情報公開などの責務を課しているが、それ以外の公共的なサービスを担う市民・NPOでも、一定の情報公開や説明責任を負うべきだと思う。とりわけ補助金などの形で税金による支援を受けた場合は、行政と同様の情報公開や説明責任を果たすべきであろう。これを新しい公共の公共化といっている。

# 4　協働の内容――協働のポイント

## 1　一緒にやる協働

### 多くの取り組み事例

一緒にやる協働については、全国で取り組まれており、先行事例もたくさんある。一般には、次のような図で示されている。協働の手法には、委託、補助、共催、後援、事業協力などがある。この点については、前著（『新しい公共と自治体』信山社）でもふれているので、それらを参考にしてほしい（これは事業に着目した区分であるが、最近では、政策決定における協働も行われ始めている。各種計画づくりや条例制定も協働で行われるようになった）。

図７　市民協働の領域のイメージ

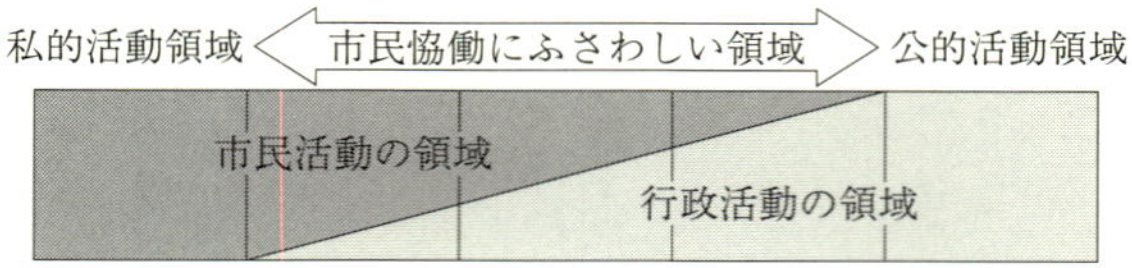


一緒にやる協働のメリットについては、『仙台協働本――協働を成功させる手引き――』が、適切に整理している。これを参考にいくつか気がつく点を付加しておこう。

ＮＰＯは、きめ細かさ、熱心さ、地域密着度、専門性といった強みを持っているが、行政にとっては、

①　協働することで、市民ニーズを詳細・的確に把握できる。

②　ＮＰＯの助けを借りて、事業の実効性を高めることができる。

③　また自らが率先するには厳しいテーマでも、ＮＰＯに誘導されて取り組むことができる。

など、行政の限界を補完して、新しい公共政策につなげることが可能となる。

ＮＰＯにとっても、行政の安定性、信用性、資源・権限の大きさは魅力で、これを活用して、

①　これまで提案し、実践してきたことを政策として実現できる。

②　行政の資金や信用を得ることで、ＮＰＯだけでは限界があったこと

もできるようになる。

要するに、お互いにプラスになって、それぞれの活動の幅が広がるというのが協働だということになる。

一緒にやる協働では、一緒に協働をうまくやるための準備、相手方の選定、契約、協働の監査・評価が施策の中心になる。

## 協働の前に行政を知ろう

協働の前提はお互いを知ることである。一緒にやる協働の場合、相互理解はとりわけ重要である。自治体職員の場合は、ＮＰＯや協働を知るための研修が、広く行われるようになった。それに対して、市民やＮＰＯが行政を知るための研修は必ずしも十分ではない。

そんな問題意識から、私が所属するひらかたＮＰＯセンターでは、二〇〇六年九月に「市民の政策提言によく効くコツ・ツボ」と題するオフサイトセミナーを開いた。このセミナーでは、政策現場の第一線の職員の方に来ていただき、立場を離れて、行政の政策決定の仕組みを理解してもらうという試みであるが、私も進行役として、コツ・ツボを分かりやすく解きほぐすお手伝いをした。

さて、行政を知るポイントであるが、行政の事業を細かく紹介しても、行政を知ったことにはならない。学ぶべきは行政の行動原理で、市民の税金を原資に活動するゆえに、行政の行動理念は公平・公正になることをきちんと理解することである。そこから派生するさまざまな制約を理解することである。その上に政策提案のコツや付き合い方のツボがある。オフサイトセミナーの結果は、本にまとめたので読んでみてほしい（『市民活動のための自治体入門』おおさかボランティア協会）。

## 2　一緒にやらない協働

### ウォーミングアップの協働

一緒にやる協働は「汗を流す協働」であるが、一緒にやらない協働は「ウォーミングアップの協働」である。一緒に汗を流すことも重要であるが、ひとりで汗を流すことも大切で、このウォーミングアップの協働が、まちを豊かにしていく。

その例として、ドメスティックバイオレンス（ＤＶ）について考えてみよう。

ＤＶ防止は、今では行政の施策になっているが、かつては全く個人的なこと、家庭内のことと考えられていた。それゆえ、みんなのことではないので、行政の政策課題には上がって来ない（いくら担当者が頑張っても、途中で却下されてしまう）。

他方、市民・ＮＰＯの行動原理は、関心の有無であるから、自分たちが大事だと思ったら取り上げることができる。横浜に「みずら」というＤＶをテーマとするＮＰＯがあるが、彼女らは、すでに一九九〇年代のはじめからシェルターの事業を行っている。

ＤＶをめぐる市民・ＮＰＯの活動があちこちで起こり、どんどん積み重なってきて、やがてそれが社会全体の関心事になってくると、行政の土俵に入ってくる。「公共性の熟成」である。今日では、ＤＶは行政施策の対象となっているが、こうした公共性の熟成があったからである。

この例でも分かるように、最初にＤＶ防止の活動をした市民・ＮＰＯは、行政と一緒に汗を流したわけではない。自分たちだけで汗を流したのである。こうした市民・ＮＰＯの活動のなかには、公共性を結実できずに終わるものもあるが、そうした行政の土俵外の活動が、どれだけたくさんあるかによって、まちの豊かさが決まってくる。

それは行政の土俵内の協働だけでは、新しい問題に対処できず、テーマも固定化し、ジリ貧に陥るからである。新陳代謝というか、循環というか、そういう活動があってはじめて、市民のニーズにあった政策が生まれてくる。多様な行動原理の基づく多様な公共主体が、社会的な課題にそれぞれ取り組んでいくなかで、公共性が高まったものが政府の政策課題になっていくのである。こうした社会の重層さが強い社会の源である。

### 協働は全課・全係で関係する

協働を一緒に汗を流すことに限定すると、多くの課・係では、自分たちは市民・NPOと一緒に汗を流す場面がないから、協働は関係ないと思うことになる。協働と聞くと協働推進課へまわすことになってしまう。困った協働推進課が、市役所内を一生懸命あちこち走りまわることになる。

しかし、一緒にやらない協働も協働と考えると、協働は全課・全係の仕事となる。自治体の仕事で、市民・NPOが活動していない政策分野はほとんどないから、協働と無縁というセクションはほとんどないはずだからである。

私の例でいえば、横浜市における最後の仕事は、水道の経営部門であった。水道は公営企業であるから、市民協働とは無縁のように思えるが実はそうではない。水源林を守る活動を行っている市民・NPOがいるのである。私は、その人たちとは会ったことはないが、水源林の保護という点で、私たちの水道という事業を支えている。彼らとは一緒には汗を流してはいないが、公共的な活動という意味では協働しているのである。ならば、応援して一緒に水源林を守ろうではないか。

このように考えてみると、自治体のどの仕事でも市民・ＮＰＯが活動している。一度、そうした活動を発見してみたらどうだろう。一緒にやらない協働の発見月間である。そうすると、自分たちの仕事の視野が大きく広がると思う。もし、そうした市民・ＮＰＯが、自分たちの活動を公共的なものとして認めてほしいと希望すれば、それを認知し、温かく見守り、影ながら応援し、時には積極的に支援する場合も出て来るだろう。一緒に汗を流してやろうという場合も出て来るかもしれない。自分たちの仕事がより充実したものになっていく。

## 仕事のヒントとしての協働

やや余談になるが、二六年間の政策マン体験から、体得した仕事のヒントを紹介しよう。それは全国初といった先進的な政策を立案するコツである。実はこれは簡単で、市民・ＮＰＯの活動に着目することである。それは市民・ＮＰＯの行動原理に由来している。役所の場合は、市民の全体的合意がなければ取り組むことができないが、市民・ＮＰＯの場合は、自分たちの関心の赴くまま、社会の問題に取り組むことができるわけである。むろん、こうした活動は、公共政策のタネという面では玉石混交であるが、そこに玉が混じっている場合がある。それを見極めるのである。

ただ、いくらよい素材でも、タイミングを逸すると失敗してしまう。何度もいうように役所の行動原理は、全体的合意であるから、市民・ＮＰＯの活動が堆積・熟成して、公共性が熟成した時が、政策として取り上げるタイミングとなる。早すぎると、私的領域の問題にすぎないといわれて却下され、遅すぎると、他の自治体で先に政策化されてしまう。時期を待ちながら素材を蓄積し、タイミングを見極め、政策として一気に開花させるのが、政策マンとしての勘どころになる。

これが先進的な政策づくりのコツのひとつであるが、この話には後日談がある。ある県でこの話をしたが、若い受講生はちっとも乗ってこないのである。不思議に思って聞いてみたところ、何と「新しい仕事をすると課長に怒られる」というのである。定数が削減され、業務量が増えているなかで、新しい仕事の提案は事実上認められないというのである。信じがたい話であるが、本当の話である。これでは何のために自治体職員をやっているのか分からないではないか。

この本は、政策立案のテキストではないので、仕事のコツの話は、ここまでとするが、このコツを応用して、きらりと光る政策を実現してほしい。

図８　豊田市の共働によるまちづくりのイメージ

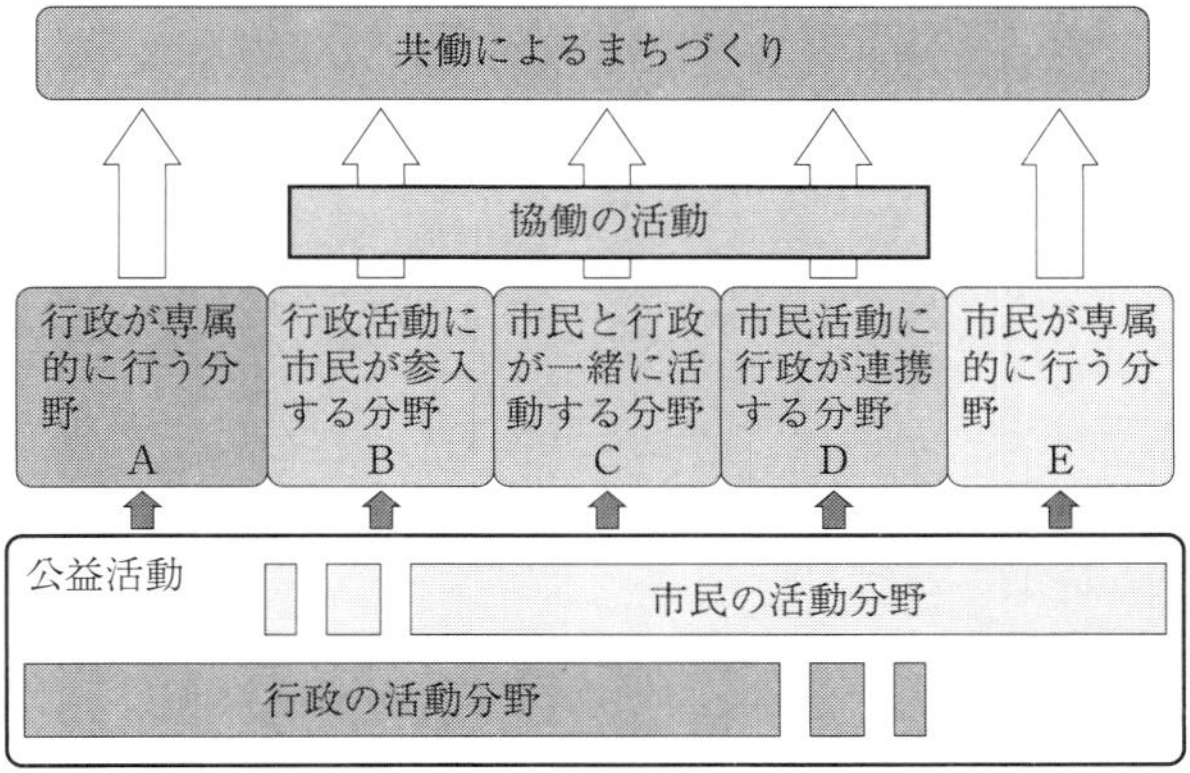


（出所）「豊田市まちづくり基本条例の考え方」より。

**豊田市では**

一緒にやらない協働をまちづくり基本としているのが豊田市である。豊田市まちづくり基本条例のなかで、共働という概念を使って明確にしている。共働によるまちづくりとは、「市民及び市が、共通の目的を実現するために、それぞれの役割と責任の下、対等な関係に立って、相互の立場を尊重し、共に働く・行動すること」である。この共働は広い意味を持ち、従来の協働、つまり一緒に汗を流す協働を含む概念として位置づけられている。

よくできた図があるので、これを参照してもらいたい。

まず、行政関与が強い領域から説明しよう。

Aは、行政が、専属的に責任を持って行う活動領域である。豊田市ではここへの参加も共働の内容に含めている。

一緒に汗を流す協働は、三つの領域に分かれている。

Bは、行政がイニシアティブを取る領域である。そこに市民活動の専門性や機動性を取り入れるようというものである。委託等の手法が用いられる。

Cは、両者の対等性が強い領域である。共催や実行委員会などの方法がある。

Dは、市民のイニシアティブが強い領域である。これに行政が側面的に支援する。

Eは、市民が専属的に行う分野で、これは私の一緒にやらない協働の領域である。

**我孫子市では**

千葉県我孫子市でも、一緒にやらない協働の考え方に基づいて施策を進めている。

我孫子市は、ユニークかつ大胆な取り組みを行っているので有名な自治体である。それをリードしたのが、前市長の福嶋浩氏で、代表的な取り組みのひとつに補助金の見直しがある。これは既存の補助金すべてをいったん廃止・白紙に戻した上で、本当に必要な事業に補助金を出すというドラスティクなもので、平成一二年度の補助金から、第三者機関による審査と公募制を導入している。

その理論的背景となったものが、この広い意味の協働である。「公募による補助金は、市民団体の自立を前提としたもの」という考え方に立って、補助金は「あくまで、自立に向かって努力するその過程を支援する」ものという考え方である。「行政もＮＰＯもお互いに自分の責任で自分の事業をやりながら、大きな目標に向けて連携し、活動を進めていくことができるのがもっとも大事な協働」であり、「市の事業にＮＰＯが参加していくことも大事だが、税金を使った事業のなかでの連携だけで協働をとらえると、協働を極めて狭い範囲に押し込めてしまうのではないか」と指摘している。

なお、お互いにお金を出し、責任を持ち労力も出す協働事業については、我孫子市には七つの原則を定め、たとえば「金を出したら口も出せ」を原則にしているが、この点もひとつの見識で興味深いところである。

## なぜ一緒にやらない協働にこだわるのか——行政の掌中の協働を超えて

なぜ、私が一緒にやらない協働にこだわるか。それは一緒に汗を流す協働にとどまってしまうと、行政の土俵内での協働になってしまい、その結果、協働の目的である「まち」がつくれないからである。

なぜならば行政の行動原理は公平・公正で、行政はこの行動原理から外れては動くことはできない。つまり、行政は、みんながＹＥＳといわないと、動けない組織である。それは、みんなの税金で動いている組織だからで、仕方がないことである（むしろ大事なことでもある）。

それゆえ、行政の領域内での政策課題だけに取り組んでいても、市民ニーズに十分に対応できず、市民・ＮＰＯの固定化と縮小再生産を生むだけになってしまう。

大事なのは新陳代謝で、行政の土俵外で、さまざまな活動が生まれ、そこで切磋琢磨し、ふるいにかけられていく。なかには公共性が熟成していって、行政が取り組むべき政策課題に昇華されていくものもあれば、公共性の熟成が進まず、途中で脱落していくものもある。公共性の揺り籠とでもいうべきものであるが、こうした行政の土俵外の胎動が活発であればあるほど、私たちの暮らしが豊かなものになっていくのである。

# 5　協働の政策——協働の仕組みづくり

## 1　協働政策の勘どころ

本章では協働政策の内容（協働の仕組みづくり）を論じる。新しい公共論を使って、公共を担う市民・ＮＰＯ活動を元気で活発なものにするという観点から考えてみよう。

### 協働政策の方向性

協働をめぐっては、さまざまな課題が指摘されている。行政サイドから整理したものとしては、総務省「住民等と行政との協働に関する調査最終報告」（平成一七年三月、総務省自治行政局地域振興課）がある。ここでは協働の準備、選定、契約、監査・評価の段階別に、課題に対する具体的な解決策が示されていて参考になる。

一緒にやらない協働も含めて協働を広くとらえ直すと、最も基本となるのは、公共の担い手としての市民・ＮＰＯが、その持ち味を十分に発揮し、期待された役割を果たせるようにすることである。

①　ＮＰＯが公共の担い手として自立することが協働の前提となる。ＮＰＯの自立を誘導・支援する制度・仕組みをどのように組み立てるかが最大の論点である。

②　協働することで実効性が上がることが大事である。１＋１を３にする仕組みの構築がポイントになる。その場合、ＮＰＯの持ち味を妨げている諸課題の克服が論点となろう。

③　ＮＰＯ自身の自律性や社会性が、持続する協働政策には欠かせない。ＮＰＯは民間であるが公共主体ゆえに一定の公共性が要求されると考えるべきだろう。この点をめぐる議論は、これまで十分とはいえなかったが、公共主体としてのＮＰＯが守るべきルールを明確にしていくべきだろう。

④　ＮＰＯ活動を支える市民自身の自律性・貢献性も問われてくる。単なる心がけにとどまらず、制度や仕組みの点からも、市民性を育てていくべきである。

⑤　一緒にやる協働では、うまくやるために、協働の準備、選定、契約、監査・評価の段階で、多くの工夫や配慮が必要である。

⑥　一緒にやらない協働では、それを発見し、もし市民・ＮＰＯ側が、その活動を公共的なものとして認めてほしいと希望した場合に、それを認知し、見守り、影ながら応援し、時には積極的に支援するのが施策の内容となってくる。

**違いが強みであること**

九人で野球をやる強みは、それぞれ得意分野が違うということである。とりわけ行政と市民・ＮＰＯとでは、行動原理から派生する具体的行動の違いが、自治全体にとっては強みになる。

行政のミッションは、市民全体の幸せの実現であるので、役所は、みんなのためを考え、公平・公正に配慮し、適正な手続で行動することが要請される。その結果、行動できる範囲は限定されるが、安定的で継続的なサービスを提供できるのが強みである。

これに対して、市民・ＮＰＯの行動原理は、自分の関心の赴くままであるが、これは活動の源泉が、自分たちのお金であることに由来する。それゆえ新たな政策課題に気兼ねなく取り組むことができる。この両者の違いが出発点であり、かつ大切なところでもある。

表２　行政とNPOとの違い

| | 行　政 | NPO |
|---|---|---|
| **意義・ミッション** | 市民全体 | 一部の利益（全体の利益に） |
| **行動原理** | 公平・平等 | 自己の関心のまま |
| **活動資金** | 政府（税金） | NPO（会費） |
| **活動上の制約** | 政府（法律，公平，民業優先） | 特になし |

したがって、この違いを一緒にしてしまったら、せっかくの価値を減殺することになる（ついつい自分の行動原理にあわせるように相手方に要求してしまう）。互いに心すべきである。たとえると、縦糸と横糸がしっかりと編みこまれた社会は、少々のことでは揺るがない、懐が深い社会ということでもある。

## Win-Winの関係づくり

協働政策を実践するにあたって、基本となるのは、Win-Winの関係づくりである。Win-Winは、スティーブン・R・コヴィーの『七つの習慣――成功には原則があった――』（キングベアー出版）が有名であるが、役所に金がなく、人手が不足しているので市民・NPOに頼もうという一方的な動機では、協働は長続きしない。役所とNPOの双方にかかわったという私自身の経験からいうと、協働が成功するには、双方に協働のメリットがあるという「実利」と、協働が明るい未来につながっているという「展望」があることが、成功の最低条件となる。
Win-Win が成立する基本となるのは、自治体職員と市民との間で水平な関係があることが必要である。従来の憲法秩序や信託論では、市民は雇い主、行政は雇われ人という上下関係になるため、両者を水平の関係に位置づけるのは、多少、異論が出るかもしれないが、国と違って地方自治は、信託論だけでは十分説明できないのはすでに述べたとおりである。簡単な話、雇い主、雇われ人という関係では、自治を豊かにするよい知恵は出て来ない。双方を共通の目標に向かって、知恵を出し行動するパートナーと位置づけ、そのための仕組みや仕掛けを考えることが大切だと思う。

## 2　協働の相手方としてのＮＰＯ

### さまざまなＮＰＯ

ＮＰＯ法が制定された当初は、ボランティア団体と区別する意味で、アメリカ型のＮＰＯが目標とされた。アメリカの例を見ながらＮＰＯを論じていればよかったのであった。しかし、ＮＰＯ法ができて一〇年たち、ＮＰＯといってもさまざまで、多様なＮＰＯがあることが再認識されるようになった。

ＮＰＯの基本は、そのミッション性であるが、ミッション性の強さ・弱さを機軸として、その組織が果たす公益性をからめると、四つの分類が可能である。こうすると、ＮＰＯの多様性が容易に理解できることになると思う。

Ａは、ミッション性、公益性とも強い組織である。あるべき姿、理想型のＮＰＯといえる。

Ｂは、組織としてのミッション性は弱いが公益性が高いＮＰＯである。従来のボランティア団体に多く、行政との親和性が高い組織である。地域のＮＰＯの多くは、この類型に属するＮＰＯである。

Ｃは、ミッション性は強いが公益性は弱いＮＰＯである。適切な例といえるか分からないが、たとえば、ゲイの権利保護を行うＮＰＯなどが考えられる。

Ｄは、ミッション性、公益性とも低いグループで、いわば仲よしグループ的なＮＰＯである。

図にすると、きれいに四分類されるが、相互の関係は流動的である。実際、少数者の保護から始まった運動が、社会的に認知され多数となることは、これまでの人権保護の歴史でも数多くある。ＢやＤのグループがそれでは飽き足らずに、Ａに移行することもあるし、逆に、Ａの領域で活動していた組織が、リーダーやメンバーが欠けることでＤに移行することもあるからである。

図９　ミッション性・公益性から見たNPOの４類型

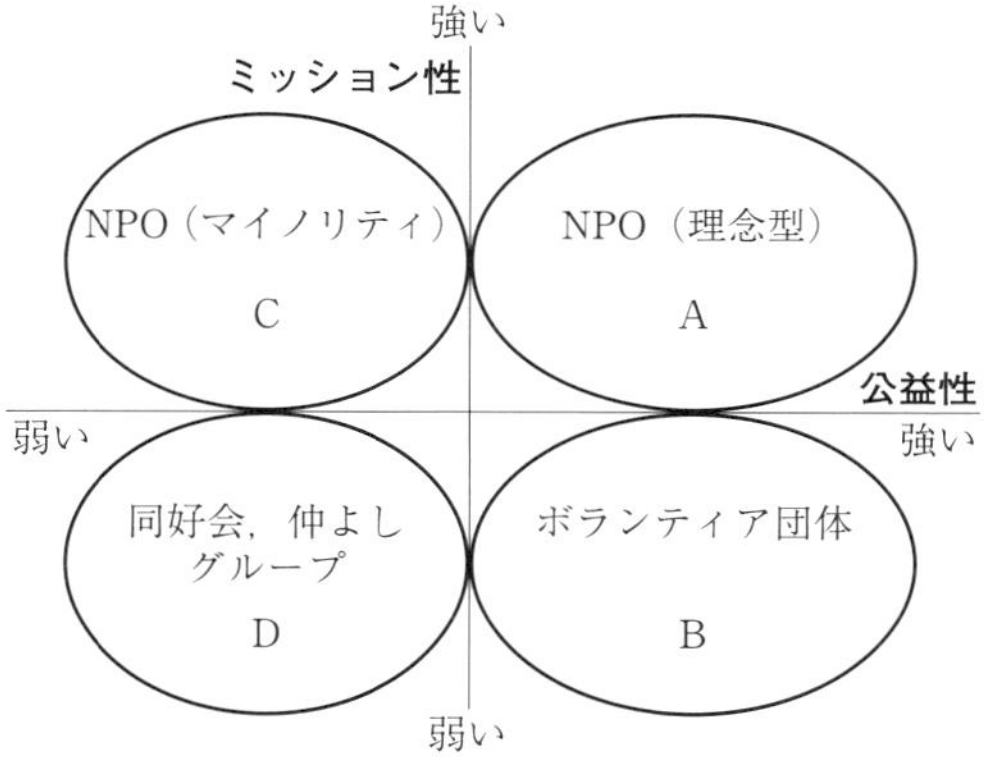


地域における協働政策については、非営利の企業といわれるアメリカ型ＮＰＯとは別に、ボランティア型のＮＰＯに注目した政策づくりが必要になる。ＮＰＯ法とは別に、そこに光を当てたＮＰＯ条例も射程に入ってくる。

また趣味的なＮＰＯも侮ってはいけない。東京や横浜などの都市部ならばいざしらず、住民が高齢化し、孤立している地域では、趣味的活動も連帯、ネットワークの契機になる。次につながるものならば、スタートはどんなものだってよく、重要なのは次への展望である。第一、強い社会性を持つ市民活動でも、個人の趣味との境目は微妙ではある。

## ＮＰＯ経営のヒントと行政の付き合い方

ＮＰＯと付き合う際は、ボランティアとの違いを明確に意識することがポイントである。非営利について、かつては誤解があったが、最近では、非営利と収益事業は矛盾しないことはよく知られるようになった。ＮＰＯとは何かを、ここではあえて論じないが、各自治体でつくられている指針に詳しく記載されているので、それを再度、確認してほしい。

ここでは応用編として、さまざまなＮＰＯをミッションや活動内容によって類型化してみよう。ＮＰＯの違いに応じて、行政の付き合い方も違ってくるし、ＮＰＯの運営方針も異なってくる。

一例を挙げると、仮託型ＮＰＯでは、市民の「自分はできないけれども、やってくれる」という仮託に応じることが運営の基本方針となる。目立つ名称をつけ、派手な行動で市民の耳目を引く活動が行われる（グリーンピースなど）。

これに対して、地域にあるＮＰＯの大半は、参加型ＮＰＯである。参加型ＮＰＯでは、親しみやすさ、参加しやすさが行動原理となる。たとえば、三島ゆうすい会という、水の都・三島の復活と水辺・自然環境の改善を目指したＮＰＯがあるが、そのキャッチコピーを見ると、「右手にスコップ　左手に缶ビール」となっていて、思わず参加したくなる。事業内容も、湧水めぐり（三島市内の湧水地の紹介）のほか、滝めぐり、水車づくり、稚魚の放流など、参加を誘発するプログラムが数多く用意されている。

**表3　NPOの分類**

| 分　類 | | 活動の特色 | 例 |
|---|---|---|---|
| 仮託型・参加型 | 仮託型 | 期待の提示が必要，目立つ活動（名称，実績，信頼） | 国境なき医師団，グリーンピース |
| | 参加型 | 親しみやすさ，敷居の低さ（参加しやすいプログラムや会費） | 三島ゆうすい会 |
| 先駆型・協力型 | 先駆型 | 公共の政策化を目指す | かながわ女のスペースみずら |
| | 協力型 | 行政支援の活動等を行う | 公園愛護会 |
| 公平型・関心重視型 | 公平型 | 行動原理は行政類似となる。反面，安定的なサービス提供ができる | 自治会，町内会 |
| | 関心重視型 | 多様な価値に基づく多様な行動。行政とは相容れない活動もある | テーマ型NPO |
| 問題提起型・実践型 | 問題提起型 | 議論を提案し，社会に問いかける。広めるためのフォーラム等を行う | 拉致問題を考える会 |
| | 実践型 | 実践的な活動を中心に行う | リサイクルの会 |
| 社会型・個人趣味型 | 社会型 | 社会性を持った活動 | 難民救援の会 |
| | 個人趣味型 | 社会性を帯びることもある | 手話を学ぶサークル |
| ボランティア型・非営利企業型 | ボランティア型 | 無償の活動が基本。収益部分は少ない | NPOの多くはこのタイプ |
| | 非営利企業型 | コミュニティビジネスなど | 介護サービス，環境ビジネス |
| テーマ型と地縁型 | テーマ型 | ミッションに沿った活動 | テーマ型NPO |
| | 地縁型 | 地域の安全，災害救援などで地縁型団体の重要性が再確認される | 自治会・町内会 |

ＮＰＯの運営者は、自分たちのＮＰＯの本質を明確に理解し、行政もそれを見極めた上で、かかわり方を考える必要がある。

## 民間のノウハウを活かす——ひらかたＮＰＯセンターでの試み

ＮＰＯのメンバーも魅力である。ＮＰＯのメンバーを見ると、主婦、定年退職者、公務員・研究者という順になっているが、私が注目し、意図的に「自治の世界に引き込みたい」と思っているのが、定年退職者である。彼らの魅力は、マネージメントができるという点である。

こんな経験がある。

私の所属しているＮＰＯセンターでは、市の施設の管理運営を担当していた。最初は、ともかく無我夢中で始めたのであるが、落ち着いて考えてみると、どうも市の職員とＮＰＯメンバーとの役割分担や配分されている人員・予算がおかしいのである。役所の人は、のんびりしているが、ＮＰＯの方ばかりが走り回っている。また、本来、市の職員が担当するべき仕事をＮＰＯ職員がやっているというのも目につくのである。人員配置や予算配分が実態とは乖離しているということで、それを是正しようとなった。あなたならどうするか。

市役所時代、私が多用したのはコネと揺さぶりである。財政課長をよく知っているから、「何とかしてよ」と頼む手法である。これ以上詳しく書かないが、このあたりは読者が自治体職員ならすぐに分かってもらえると思う。

ところが、民間企業の定年退職者であるわが理事長は、次のような作業を始めたのである。彼は、まず、現在行っている業務をすべて書き出させた。事務分掌にあろうがなかろうが行っている事務のすべてである。そして、関係者全員について、三〇分ごとに、実際に行った業務と費やした時間を記録していくのである。これを一カ月間続けた。

それを集計すると、この施設の管理運営に関連する業務と使っている時間がすべて分かる。その上で、それぞれのミッションを基本に業務を振り分け、それと人員配置、予算配分の実際をぶつけると、過不足が分かる。彼はこうしてできあがったデータをもとに市との話し合いを始めたのである。

これがマネージメントだと思う。こうした体験や知恵を持っている人たちが、まちにたくさん出て来ている。民間ならではの知識や経験を身につけている人材を活かさないのは本当にもったいない話である。このような発想や行動は、これまでのボランティア団体や行政に欠けていたものであるから、こうした有為の人を「自治の世界に引き込む」のが、今後の自治体政策のポイントだと思う。

## 3　協働を進めるにあたって大事なこと

### まちに価値があること

協働とは、まちのつくり方である。どのようにまち（自治）をつくっていくのかを主に論じている。行政、市民・NPO、議会・議員が、それぞれが公共の担い手として、自立して、主体的、自立的（自律的）に、責任、信頼関係を持って元気でやっていこうというのが協働の考え方である。

ただ、それだけでは、まち（自治）をつくることはできない。もうひとつ大事なことは、まちそのものの価値があることである。まち自体が、夢中になるだけの魅力がなければダメなのである。つまり野球自体が面白くなければいけないのであって、面白くないゲームをいくらやろうと声をかけても、誰も参加しないからである。

では、野球が面白いというのはどういうことか。それは、自分の住んでいるまちが、魅力的であるということである。自分のまちが魅力的で誇るべきものであることを知っていれば、みんなで一緒にやってみようという気になる。こうした、まち自体の価値を高め、再確認することが大事である。

これが都市ブランドである。都市ブランドというと名産品のように思われるが、そうではなくて、まち自体の価値をいう。この都市ブランドと協働のまちづくりの両方があって、初めて野球が面白くなる。

わがまちには、誇るべき価値がないと心配する向きもあるかもしれない。そんなことはない。どのまちにも資源はある。資源とは、名所、旧跡だけではなく、何気ない自然や歴史、文化はむろんのこと、人の思いやり、人と人とのつながりも地域の資源である。こうした地域の資源を掘り起こし、つくっていくことが、まちづくりである。

## 価値のあるまちとは——山口市と大和市から

まちの価値の典型的なものは、歴史であるが、これは簡単につくることはできない。しかし、つくれる価値もある。

私が好きなまちのひとつが山口市である。なぜ、私は山口市が好きなのか、頼まれもしないのに、あちこちで山口市の宣伝をするのかである。次のような体験があったからである。

ある年の夏のことであったが、山口市で講演会を終えた後、私は友人を訪ねようと山口県庁に向かったことがあった。ところが途中で、道に迷ってしまったのである。途方に暮れたが、あまりに暑いのでともかく一休みしようと、近くにあったお寺の軒を借りて休んでいたのであった。その時、そのお寺のおばあちゃんが、「暑いでしょう」といって冷たい麦茶を持って来てくれたのである。それだけのことであるが、これが私が山口市を好きになった理由である。こうした思いやりや笑顔もまちの価値である。これも都市ブランドである。

もうひとつ、神奈川県に大和市というところがある。これまでほとんど知られていなかったまちであるが、市民参加や協働の政策を一生懸命行って、有名になったまちである。

実は、私の通った高校は、大和市の近くにあったのでよく知っているが、当時、大和市といえば米軍基地もあり、怖いまちというのが純朴な高校生の印象であった。ところが、大和市は、次々と先進的な政策を打つことで、都市の価値を上げてきたのである。これは政策も都市ブランドになるということである。

つまり、特筆した歴史・文化がなくても、まちの価値はつくれるということである。歴史は簡単にはつくれないが、人と人のふれ合いや笑顔、あるいは政策は努力すればつくることができる。そういう魅力のあるまちがあって、協働のまちづくりとセットになると、そのまちはグングンと輝いてくるのである。

## 4　ルールを決めよう——なぜ条例なのか

### ア　ルールの意義

ルールの必要性はあえていうまでもないだろう。ルールが明確なら、無駄な時間とエネルギーを費やさないで容易に目標に到達できる。みなが同じルールで行動すれば、声を大きな人が優先されるという不公平も起こらない。

一緒に協働する時のルールは、うまくやるためのルールである。野球でいえば、二塁とライトの守備範囲を決めるルールである。これが決まっていれば、互いにボールを追っていき、相手が捕るだろうと思って、間にボールが落ちてしまうことを防ぐことができる。ルールが明確であれば、自分の守備範囲内では思い切って活動ができる。力を合わせて試合に勝つこともできるだろう。

一緒にやらない協働のルールは、自治の関係者がそれぞれ元気で頑張るルールである。頑張っている市民・ＮＰＯを応援する基準や方法、あるいは支援を受けた場合は、説明し、情報公開をするといったルールである。それによって、それぞれが存分に力を発揮して、野球に勝つことができるだろう。
こうしたルールを決定し、共有することが協働を進めるための条件になる。

### なぜ条例なのか

ルールの形式は、条例によるべきである。答えは簡単で野球は九人でやるからである。要綱・指針では、内野だけでルールをつくることになってしまい、次に述べるコンパクト（協定）では、内野と外野の一部でルールをつくることになってしまうことになる。

また条例には次のようなメリットがある。
① 条例は決意ができるからである。要綱や指針では、困難に遭遇した場合、内部基準だから妥協しようという誘惑に駆られてしまうが、条例の場合は議会も絡んで制定されているので、簡単に引き下がることができない。仕事は手足を軽く縛ってやるのがちょうどいいと書いたが、条例は、手足を縛る道具としては適切である。
② 条例は実効性が担保できるからである。これは条例が法規範であるという抽象的な理由からではない。条例ができると、組織、人員、予算が事実上つきやすく、こうした体制が実効性を高める仕組みとなるからである。
③ 条例は首長が代わっても簡単に変わらないからである。新しく選ばれた首長は、前の首長

の政策を否定（無視）したがる傾向があるが、条例の場合は、首長といえども簡単には否定することができない。継続して政策を行うのに適しているからである。

**コンパクトの意義と限界**

コンパクトは、行政とNPOとが協働する際に守るべきルールをあらかじめ定めた文書である。法的性格は、拘束力を持たない紳士協定である。

一九九八年にイギリスで、当時のブレア労働党政権が、政府とNPO代表との間で結んだ合意に由来する。イギリスでは、サッチャー政権時代に急激な規制緩和と市場原理が導入されたが、その結果、NPOの行政下請け化が進むことになった。それに対して、コンパクトでは、政府とNPOをともに公共を担う対等なパートナーであると位置づけたことに積極的な意義がある。

また、従来の指針が、あくまでも行政内部の取り決めにとどまるのに対して、コンパクトは、公共主体間で合意し、署名するという点ですぐれている。コンパクトには、NPO側が、自ら守るべきルールが具体的に定められているが、これは指針では書き切れないだろう。

日本では、『あいち協働ルールブック二〇〇四』や愛知県下の自治体（『とうかい協働ルールブック二〇〇六』（東海市）、『にっしん協働ルールブック』（日進市））などの先駆的な取り組みがある。

他方、当事者同士の取り決めというコンパクトの限界もある。前著（『新しい公共と自治体』信山社）で、行政とNPOはバカップルになるおそれがあると書いたが、コンパクトにも同じ危険がある。まず条例を制定した上で、当事者同士で、細部を積み上げていくべきだろう。

## イ　協働の条例

### (ア)自治基本条例

#### ●自治基本条例とは何か

協働の基本ルールとなるのが自治基本条例である。

自治基本条例とは何かをめぐって二つの考え方がある。

第一は、自治基本条例は政府をコントロールするためのルールと考える立場である。しばしば自治基本条例は自治体の憲法であるとされ、市民に対しても「自治体の憲法をつくろう」と呼びかけて、検討が始まることが多い。そもそも憲法の成り立ちが、行政の専横から市民の自由を守るためであることを考えると、自治体政府をコントロールする事項を規定した自治基本条例は、自治体の憲法という名にふさわしいことになる（ただし、この立場では、自治体は自治体の憲法にふさわしいものをつくれるのかという次の難問がある。憲法九四条の法律の範囲内をめぐる問題である）。

第二は、自治基本条例は、行政や議会を市民のものにするとともに、市民が元気でその力を発揮できるようにするためのルールとする立場である。こちらは、自治基本条例は自治（まち）をつくるためのパラダイムということになろう（私はまちをつくる道具といっている）。行政や議会を市民のものにするとは、行政の専横から市民の自由を守るという要素とともに、より積極的に市民のための働く役所、市民のために働く議会としていく側面を強調するものである。

すでに見たように、市民の関心事（市政の重要事項）は、政府をチェックするだけではとうてい解決できないので、役所や議会が、その拠って立つ原点に戻って、市民のために大いに頑張るとともに、市民自身も、自らその力を存分に発揮いていくなかで解決していくしかないであろう。自治基本条例は、野球の九人が元気で頑張るための基本ルールということになる。自治体の憲法という議論でいえば、こちらのほうは、伝統的な憲法秩序を超えた新たな憲法秩序の構築を目指すものといえるだろう。

### ●新しい公共論から

自治基本条例を新しい公共論の図に当てはめてみよう。AとCの領域をまたがって全体をカバーするのが自治基本条例である。

このうち、Aの領域は、行政・議会を市民の役所、市民の議会とするためのルールを定めるものである。役所や議会は、公共を担うことが本務の組織で、市民のために活動するのは当然のことであるが、これを名実とも、市民の幸せを実現するために頑張る組織にしようというものである。そのための仕組みが、情報公開、市民参加等であり、自治基本条例では、これら仕組みが詳細に規定されている。

Ｃの領域は、市民やＮＰＯが自治（まちづくり）の主体となって、元気で頑張れるようにするためのルールや仕組みを定めるものである。ＮＰＯにはテーマコミュニティのほか、地域コミュニティも入る。自治基本条例では、市民・ＮＰＯが、自立し、縦横に活動できるように、行政の支援や行政等と市民・ＮＰＯとの協働に関する原則等が規定されることになる。

このように考えると、自治基本条例は、憲法というよりも、まちづくりの道具箱といったほうが実態に合っているように思う。

### (イ)市民協働条例

#### ●性　質

市民協働条例は、自治基本条例の市民活動に関する部分（Ｃの領域）をさらに具体化・明確化する条例ということになる。

この条例の制度設計にあたって、基本理念となるのは、協働の概念である。とりわけ重要なの

**図10　自治基本条例のイメージ**

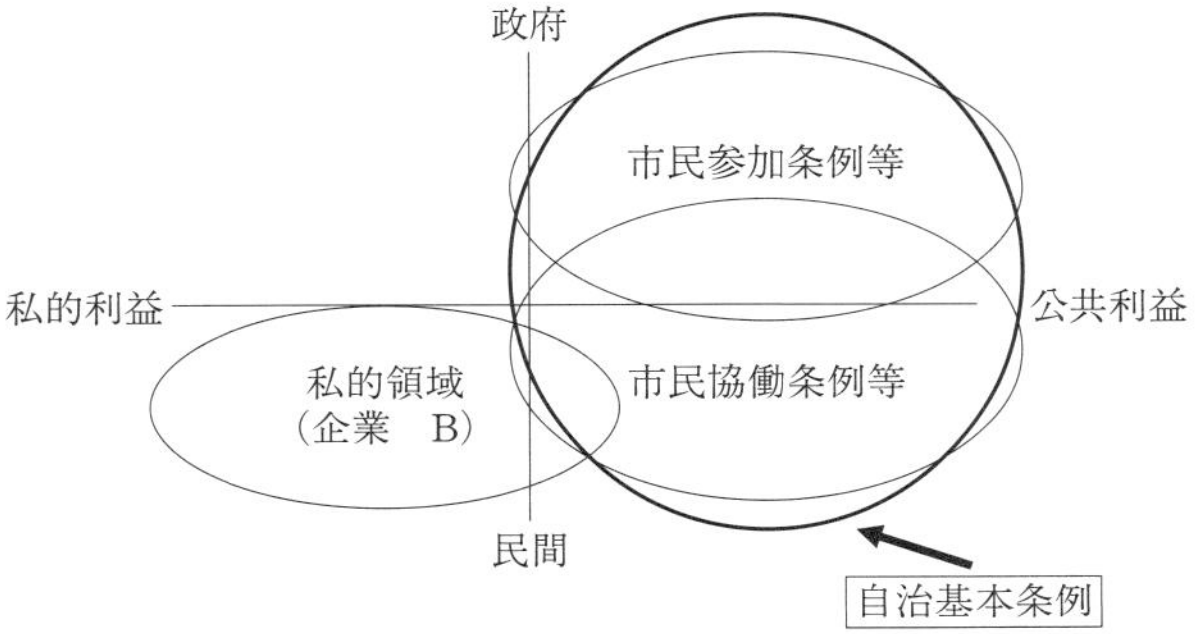


が、公共主体としてのＮＰＯであり、行政とは対等で、自立（自律）、自主、責任、信頼の関係にある。支援はそのための手段と考えるべきだろう。安易な支援が、ＮＰＯの自立を阻害するおそれがあるという指摘はもっともだからである。

ただ、注意すべきは、現時点では、地域で活動するＮＰＯの多くは、自立性が十分ではないという点である。実際、自立できるだけのマーケットも育っていない。こういう状態で形式的に自立性を強調すると、ＮＰＯが本来持っている持ち味を損ねることになる。スジが通った話は、実際には現状をより悪くするというのはよくあることで、それはここでも当てはまるだろう。実質的な協働ができるように、ＮＰＯの自立を前提としつつ、適切な支援も必要になってくる。その解答は簡単ではないが、その地域にふさわしい適切な仕組みを体系化したのが市民協働条例である。

ただ、この条例は、実施すべき細部まで規定することはできず、おのずと大綱を定めた枠組み条例にとどまることになる。具体的な内容は、協定や指針、施策に委ねられる。

枠組み条例であることの典型的な例としては、多くの市民協働条例で採用されている総合施策方式である。総合施策方式とは、協働・支援施策の具体的内容を条例には記載せずに、それを後日定める総合施策（基本計画・基本方針等）に委ねる方式である。

こうした形式が採用されるのは、条例は、一度、制定されると、事実上そう簡単には改正ができないこと、そのためには条例制定時点では、ＮＰＯとの協働・支援策の具体的内容を詰め切れず、また、予算措置やＮＰＯの活動状況に政策が左右されるといった不確実な要素がある場合は、後の運用のなかで弾力的に動ける形式として、この総合施策方式が便利だからである。

**●主な項目**

現在制定されている市民協働条例の共通的事項及び特徴的な項目を紹介しよう。

①市の役割・責務――条例の性格上、中心となるのが市民公益活動に対する市の役割・施策であることから、その関連規定は豊富である。市の基本的な役割としては、ＮＰＯの自立を推進するための施策を講じることにあるが、そのためのメニューとして、知識の普及や意識の啓発（箕面市）、職員の認識を深める（横須賀市）、協働を推進するための事業を行う（横須賀市）、情報

の提供・公開（大和市）、市民公益活動が活発に行われる環境の整備（藤沢市）、参加の機会の拡充（大和市）などが規定されている。

②市の施策――市民公益活動を推進する施策が例示されている。特徴的なのが、市民活動推進計画を定めるというものである（藤沢市）。この点については、すでに述べたが、この条例が枠組み条例としての性格を持っていることに由来している。

③参加・参入の機会――参加・参入の機会に関する規定は、市民協働条例が提案している具体的な仕組みのひとつである。これには、市政への参加と市が行う業務への参加がある。

市政への参加は、公共主体としてのNPOの政策提案能力を期待したものである（大和市）。これに対して市業務への参加は、箕面市条例が最初に規定したもので、多くの条例に波及している。これによって、NPOの専門性等の特性を活かしたサービス提供が可能になること、これが財政的支援となってNPOの自立に寄与することができるといったメリットがある。

④財政的支援――NPOの最大の悩みは財政問題である。ただ、市民協働条例で直接ふれているのは意外と少ない（横須賀市）。地域のNPOはボランティアの延長であることが多いから、いくら財政的な自立性を追求しても限界がある。市による財政的支援は必要である。しかし、だからといって安易な財政支援を許容するものでもない。横須賀市条例では、財政的支援を「既得

権としない」旨を明記している。

⑤第三者機関――市民協働に関する事項を行政だけで決定するのではなく、市民・NPOが参加した審議会で決定するものである。審議事項は、市民公益活動の推進、市民協働の推進に関する事項が基本である（藤沢市）。委員構成は、専門性、市民参加の見地から、学識経験者、市民公益活動団体の関係者が基本となっている。

⑥協働事業提案制度――市民・NPOが、行政に対して、協働して取り組む事業を提案することができる制度である（西宮市など）。市民・NPOがイニシアティブを発揮することで、市民・NPOの自立性を高めることになる。近年、多くの市民協働条例で規定されるようになった。

**●今後の展開**

市民協働条例は進化する条例である。市民協働条例を年代別に並べてみると、全体の流れとしては、支援から協働に向かっていることが分かる。また支援についても、行政による支援方法の多様化（委託、補助、共催、後援・事業協力等）から始まり、NPOのイニシアティブをより強める仕組み（協働化テスト）、行政との対等性を意識した仕組み（協働事業提案制度）、市民がNPOを支える仕組みの開発（パーセント条例）等が試みられている。これから新しく市民協働条例を策定する際や今後の改正時には、これらが論点になってこよう。

市民協働条例のその後であるが、市民協働の手法が隘路に入り込み、早晩、市民活動を支えている市民そのものに踏み込んでいかざるをえなくなるだろう。市民自治の原則、市民の自律性・貢献性という民主制の原則に戻って来るが、ここまで来ると、市民参加条例との共通部分になり、自治基本条例の制定が射程に入って来ることになろう。いずれにしても、今後の進化の展開には興味深いものがある。

## 5　NPOの自立を促進する仕組みづくり

NPOは、財政、企画、組織、運営等でさまざまな課題を抱えているが、協働政策の中心は、これら課題を乗り越えてNPOの自立を促進する仕組みづくりとなる。

### ア　行政がNPOを支える制度

#### (ア)委託の改良

##### ●委託の進展

NPO法が制定されて以降、NPOを支えるさまざまな制度が開発されてきた。その中心となるのが、行政がＮＰＯを支える仕組みである。税金の免除、委託、補助、共催、後援、事業協力等がある。このうち主力となるのが委託で、さまざまな分野で、行政からＮＰＯへの業務委託が広がった。特に指定管理者制度の導入は、ＮＰＯへの委託をさらに推し進めることになった。今日では、ＮＰＯに対する委託経験がない行政や行政から受託経験のないＮＰＯのほうが、珍しくなった。

委託は、次の二つに大別される。

① 協働事業　予算上は委託費となっているが、委託事業を実施するにあたって、事業目標や成果設定、効果的な実施手法、役割分担等の企画内容を双方で話し合って実施するもの

② 請負事業（アウトソーシング）　行政が事業を企画して発注し、ＮＰＯがその事業を受託する委託事業

行政からの委託を受けることで、ＮＰＯは経済的には自立化の可能性が広がったが、委託の場合は、どうしても発注側である行政の権限が強くなること（発注内容のイニシアティブ等）、資金面で苦しいＮＰＯが、行政との契約に依存しがちになってしまうなどから（一度、規模を大きくすると縮小が難しい）、事実上の行政の下請け化が起こってくる。

### ●効果的な委託を行うために

委託を行うにあたっては、NPOの自立を阻害することなく、またNPOがその持ち味を十分に発揮できるようにしなければいけない。いくつかの注意点を示しておこう。

① NPOに対する意識・認識である。よくあるのはNPOだと安いという誤解である。たとえば本づくりで考えてみてほしい。企業より安くなるのは次の二つのケースである。ひとつは、いい加減な本をつくる場合である。作業工程を省略し、校正もしなければ、値段の安い本ができあがるだろう。しかし、それでは安かろう悪かろうで意味がない。第二は、値引きする場合である。NPOは、趣旨に共感して値引きすることは、よくあることだからである。しかし、あくまでもサービスである。また、配当をしないでもすむ分、多少、安くはなるだろう。いずれにしてもボランティアとの違いをしっかりと理解しておくことが基本である。

② NPOの強みの認識である。これはNPOの行動原理を理解することに尽きる。行政の行動原理を押しつけては単なる下請けになってしまう。土俵が違うことに意味があるので、NPOの持ち味を最大限に活かすべきである。NPOと協働する意味をしっかり確認しておくということでもある。

③ 適切なNPOの選定である。これは日常業務を通じて、NPOに関するデータ収集に努めることが大切である。団体の活動実績や事務遂行能力は、書面だけではなかなか分からない。

こうしたNPOを紹介してもらう中間支援組織の育成も大事になる。

④　委託手続の改良としては、契約保証金の免除、委託料の支払い方法（概算払、前金払、部分払）の改良がある。NPO側にも、地方自治法等の規定があり、公平、公正を維持するために、手続的規制があることを理解してもらう必要がある。これは「協働の前に行政を知ろう」である。

⑤　NPOとの支援、協働事業は、手間がかかるし、時間もかかる。忙しいなかでの支援、協働事業であるので、NPO側の要領の悪さに戸惑いを感じる自治体職員もいるだろう。ただ、これは文化の違い、行動原理の違いに由来することも理解すべきである。実は、役所にいた時は気づかなかったが、役所を辞めて行政とお付き合いをしてみると、自治体職員がNPOに対して感じる戸惑いを私は自治体職員に感じることがある。私自身は、役所の事情も分かるので、それだけの話であるが、寛容さが大事だと思う。

### (イ)NPOのアファーマティブ・アクション

委託、請負等にあたって民間事業者を選定する場合、地元事業者を優先させることがあるが、NPOについても同様に地元優先にするかという問題がある。さらに、NPOは発展途上なので、いわば優先的なNPO枠を設けるべきかという問題もある。

アファーマティブ・アクションをめぐって、対立する意見があるように、簡単に答えを出すのが難しい問題であるが、優遇しないことを明確にした自治体に我孫子市がある。

我孫子市の場合は、入札、契約制度のなかで、ＮＰＯに積極的に門戸は開き、参入障壁をなくしていくこと明確にしている。その上で、事業者の選定・契約については、ＮＰＯだからといって特別扱いはせず、民間企業も含めて最も適切なところに委託する方針としている。ＮＰＯと民間事業者との競争で、ＮＰＯが自らの優位性を伸ばし、さらに自立したＮＰＯとして成長していくことを期待するからである。

厳しい意見であるが、そのとおりだと思う。

## イ　ＮＰＯ側のイニシアティブが働く制度

最近では、ＮＰＯがイニシアティブを発揮できる制度が開発されてきた。

### (ア)行政側の異変

制度紹介をする前提として、行政側に異変についてふれておこう。行政側の異変とはやや大げさであるが、最近は、とみに行政が動かなくなってきたというものである。

その背景のひとつが、誤ったコンプライアンスの考え方が広まっているからである。コンプライアンスとは、本来は単なる法令遵守ではなく、社会的要請に適応することであるであるが、現状は形式的な法令遵守にとどまっている。

制定法というのは、いつも不十分で後追いになる。法の性質上、これは宿命的なものである。したがって、自治体のコンプライアンスで学ぶべきは、①既存の法を知り、学ぶことともに、②法は万全ではないこと（必要な分が必ずしも用意されていないこと）、③市民の幸せを実現するという自治体の存在意義を踏まえて、（時には法を乗り越えて）、新たな法をつくっていくことが求められる。特に③はリスクが伴うから、これを避けて形式的な法令遵守に始終するという運用が行われる。

そこに、部下である職員に対して「しょせん役人の限界がある」という首長があらわれたり、職員の小さなミスをすぐにマスコミに公表する取り扱いが一般的になった。

しかし、これでは、職員はリスクを冒してでも、市民のために頑張ろうという気にはなれないだろう。おかしいと思っても、法に書いてあることを形式的に粛々とこなしていくことになるのである。職員自身は、こうした事なかれ主義が非難を受けることは承知しているが、この場合、責められるのは、自分ではなく役所である。それに対して、おかしいと思って法を踏み越えて、形式に合致しないことをした場合、非難されるのは自分になってしまう。組織が、「形式は満たさないが実質的にはこちらのほうが法の趣旨に合致するし、市民の利益にかなう」といってくれないなかで、職員は誰もリスクを冒さなくなっているのである。こうした行政側の異変は、結局、市民の利益を損なうことになってしまう。

こうした現状の打開は、職員の心がけ論では歯が立たない。仕組み、仕掛けが必要であるが、行政を後押しする市民・NPOの提案・活動は、現状の打開策のひとつになるだろう。市民・NPOの要望があったということを一種の免罪符として、職員個人のリスクを避けながら、新たな仕事に取り組むことができるからである。

**(イ)NPOのための予算枠制度**

NPOのための予算枠制度とは、補助金の財源として市税の一定額相当分を使い、その使い道についてNPOが提案でき、活動に使える制度である。使い先がもっぱら市民やボランティア団体の事業(ニセコ町)と住民自治組織の事業(太田市)の場合がある。

こうした住民提案制度は特に珍しいものではないが、一般には「事業の実施に当たり、予算で定める額の範囲内で補助金として交付する」とされているのに対して、この制度では、補助金の原資として税金の一定枠(一%というものが多い)を当初から予定している点が特色である。財源を安定的なものとするとともに、原資を自分たちの税金とリンクさせることで、市民の税金の使い道に対する関心を高め、市民参加を促進するという面に配慮した仕組みである。

ニセコ町の町民提案予算制度で見ると、住民税の一％分は約一〇〇万円になるが、この使い道を町民が提案できる制度である。

① 提案できるのは、町民なら誰でも

② 根拠法規は、要綱である（町民提案予算実施要綱）

③ 補助金額は、当該年度の町民税現年課税予算額の一％相当の額を基本とし、町長が定める額

④ 手続は、住民は町民予算提案事業提案書に提案内容等を記入して提出する

⑤ 審査機関は、町民で構成される町民予算検討委員会

⑥ 決定手続は、町民予算検討委員会が事業内容の確認、提案者のプレゼンテーションを経て町長への提言する

という組み立てになっている。平成一八年度実績は、三団体　五七万一三〇〇円であった。

**(ウ)業務委託提案制度（協働化テスト）**

委託の場合は、行政があらかじめ範囲や内容を決めて、行政の事務の一部を委託するものであるが、この方式は、ＮＰＯ自らが、受託を希望する業務を提案する制度である。現在は行政が実

表４　NPO のための予算枠制度

| 名称 | ニセコ町町民提案予算制度 | 太田市１％まちづくり事業 |
| --- | --- | --- |
| 趣旨 | 住民税の１％（約100万円）の使い道を町民が提案できる制度（自ら実施する場合と使い先を指定できる場合がある） | 市税の約１％相当（３億円）の使い道を地域団体等が提案できる制度（自ら実施する場合を想定） |
| 意義 | 市民参加，市民活動支援 | 市民参加，地域コミュニティの活性化 |
| 根拠 | 町民提案予算実施要綱 | 太田市１％まちづくり事業補助金交付要綱 |
| 対象 | 将来のニセコを見すえた人づくり，地域づくりにつながる事業。提案者が実施，提案者と他組織などが協力実施，提案者以外の組織などが実施する場合を想定 | 地域内の人の交流が図られる事業，地域の特色を出すことができる事業，地域を活性化させる事業などで，継続的に維持管理が行われる事業や波及効果の高い事業が対象になる。住民自治組織（地区を想定）の事業を想定 |
| 補助金額 | 町民税の１％相当の額を基本とし，町長が定める額 | 市民税の１％相当額を基本とし，市長が定める額 |
| 性質 | 補助金 | 補助金 |
| 提案者 | 町民誰でも | 地域団体，NPO など |
| 手続 | 住民は町民予算提案事業提案書に提案内容等を記入して提出 | ・住民自治組織などで検討し，提案申請用紙（事業計画書）に必要事項を記入して申請<br>・記入にあたっては，事業の内容，主催者の構成，事業の見積り費用，事業の効果，住民の参加度，事業終了後の対応などを事業計画書として提出。事業計画書には具体的な活動予定（誰が・いつ・どこで・どんなことをするのか）及び，明確な積算根拠を添付する<br>・効果の検証のため，事業が終わった後の書類や決算書，コミュニティ費用以外のすべて領収書，写真の提出ほか，意見を聞くこともある |
| 決定 | ・町民予算検討委員会が提案された事業の内容の確認<br>・提案者によるプレゼンテーション<br>・町長への提言（委員会答申） | 事業の選定は，「１％まちづくり会議」によって行う。まちづくり事業の事業計画書に基づいて審査を行い，採択の可否を決定 |

施しているが、この事業はＮＰＯが委託して実施したほうが好ましいのではないかと提案する制度である。市場化テストのＮＰＯ版ということもできる（協働化テスト）。

この制度は、市民サイドの視点を重視すべき業務については有用である。興味深い具体例として、国分寺市で、ＮＰＯが提案し制作したホームページのＦＡＱづくりがある。

ＦＡＱ（よくある質問）は、市民がわざわざ役所に出向かずに、自分で解決する際の有効なツールである。ＦＡＱが有効に機能し、余力が出れば、自己解決が困難な人や個別相談が必要な人に、その余力を振り向けることができる。こうしたＦＡＱであるが、行政がつくると、正確であるが市民感覚からずれたものになってしまうおそれがある。民間業者に委託すれば、きれいにつくるが、地域の事情への配慮が十分でない場合が出て来る。これを地域の市民・ＮＰＯでつくると、より市民ニーズにあったものができあがることになる。こうした業務は、まだまだたくさんあるだろう。その道すじをつくるのが、協働化テストである。

中野区では、平成一八年から、業務委託提案制度を実施している（要綱による）。提案を受けた業務のなかから、区民公益活動推進協議会の意見を踏まえ、区の業務としてふさわしいものを選定し、提案した区民団体に委託するものとなっている。

**図11　業務委託提案制度の流れ（中野区）**

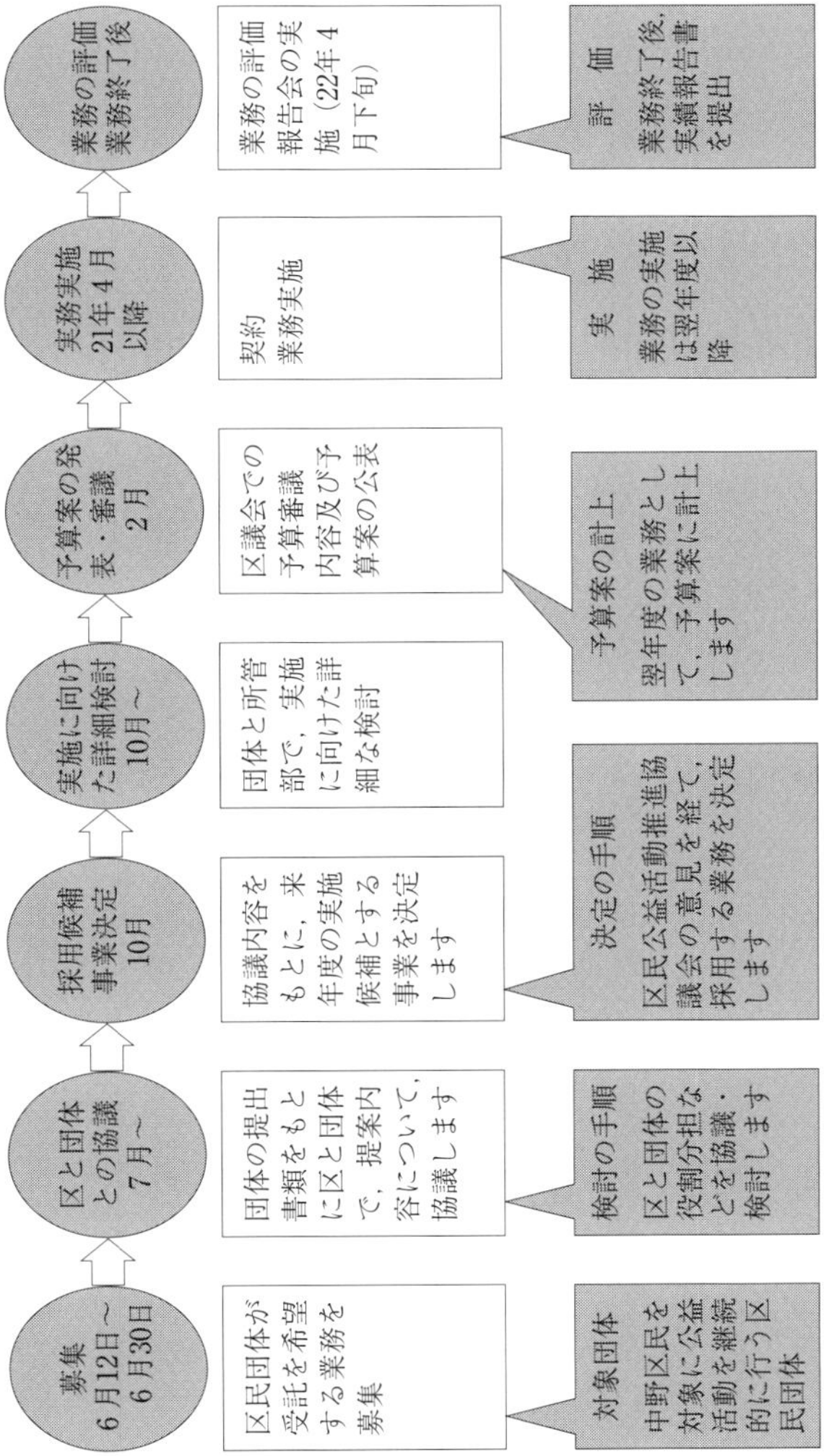
募集
6月12日～6月30日
区と団体との協議
7月～
採用候補事業決定
10月
実施に向けた詳細検討
10月～
予算案の発表・審議
2月
業務実施
21年4月以降
業務の評価
業務終了後
区民団体が受託を希望する業務を募集
団体の提出書類をもとに区と団体で，提案内容について，協議します
協議内容をもとに，来年度の実施候補とする事業を決定します
団体と所管部で，実施に向けた詳細な検討
区議会での予算審議内容及び予算案の公表
契約
業務実施
業務の評価報告会の実施（22年4月下旬）
対象団体
中野区民を対象に公益活動を継続的に行う区民団体
検討の手順
区と団体の役割分担などを協議・検討します
決定の手順
区民公益活動推進協議会の意見を経て，採用する業務を決定します
予算案の計上
翌年度の業務として，予算案に計上します
実　施
業務の実施は翌年度以降
評　価
業務終了後，実績報告書を提出

### ウ　行政とＮＰＯの協働制度

#### 協働事業提案制度の意義と課題

協働事業提案制度とは、ＮＰＯが行政と一緒に汗を流す協働事業を提案するものである。ＮＰＯがイニシアティブを発揮するので、ＮＰＯの自立性を高めることになり、また、プランを提案するという点では、ＮＰＯの企画力向上に寄与することにもなる。行政もＮＰＯと協働することで、これまで取り組めなかった事業に取り組めるようになる。

ＮＰＯからは、これまで何度も担当窓口に提案してきたが、なかなか具体化しなかった事業が、この制度ができて実現できるようになったという声を聞くことが多い。これは、全庁的体制でＮＰＯからの提案を前向きに受け止めるという仕組みをつくったことに伴う制度設定効果である。また、この制度では、決定プロセスが公開（提案のプレゼン）になっているが、その点も、公正な判定を担保し、市民の納得度を上げるものになっているのだろう。

また、行政と協働することで、行政の信用力・広報力の大きさを実感したという意見も多い。その分、ＮＰＯ側も、公共の責任を自覚し、実践すべきことになる。

この制度の課題であるが、①最大の問題は、一緒に汗を流す協働のため、事業内容が行政の枠内での提案にとどまってしまう点である。このあたりが十分に理解されていないと、せっかくの提案を行政が無視したと思われてしまう。実際、みんなのためという行政のテリトリー内で一緒に汗を流す事業はそう多くはないだろう。その結果、三年程度やると、提案が出尽くしてしまい、同じ団体が形を変えて提案してくることになりかねない。私はこの制度は三年の時限制度としてスタートすべきだと考えている（三年後にきちんと評価して、新たな組み立て直しをする）。

②ＮＰＯの提案が、行政の事業化を後押しする場合もあるだろうが、ときには行政側の助力（特に財政面）を求めるといった点に主眼がいってしまう（独自にできるのならば行政に声をかけない）。助成金獲得が目的となってしまって、協働の意義とずれてしまったり、団体の独自性やＮＰＯならではの視点を軽視して、行政の意向や考え方に迎合してしまう場合も心配される。本来、公共主体を育てるはずの制度が、依存型の団体を育てる結果になってしまっては元も子もないので、制度運用にあたっては、常に注意すべきである。

### 制度設計にあたって――一〇のポイント

この制度が機能するためには、次のような点がポイントである。

①　関係課の積極的な参加・協力があること。これが、この制度がうまく機能するための前提である。それには制度の周知とともに、協働が全課・全係に関係することの認識が欠かせない。

②　関係課が多い場合、行政内部で押しつけ合いが起こることがよくある。心がけも大事だが、公平に差配する仕組みが大切である。行政以外の市民・ＮＰＯや第三者委員会が裁定する仕組みは、効果的であろう。

③　関係課には提案したＮＰＯを育てていくという視点が欠かせない。これまで役所というのは「できない」から出発してきたが、この事業では発想転換が必要である。この点でも、心がけだけではなく、提案を受け止めて、ブラッシュアップし、熟成する仕組みの構築が大事である。

④　ＮＰＯらしい提案が数多く出されること。活発化には、にぎやかさ（数）も必要である。

⑤　ＮＰＯの提案をインキュベート（卵を温めて孵化させる）する仕組みが大事である。提案に関連する情報を収集し、アドバイスする仕組みである。そのサポート役は、関係課とともに、中間組織であるＮＰＯというのもあるだろう。

⑥　ＮＰＯ側も学ぶべきことも多い。忙しいなかでの協働事業であり、ポイントをついた資料づくりや要領のよい説明が求められる。この点はＮＰＯの企画力の強化である。また、公共性の確保にも十分配慮し、バカップルにならないように注意したい。公開、説明責任がポイントとなる。

⑦　役割分担も重要になる。協働事業を選択するというのは、それぞれが得意分野を担当し、1＋1を3にするということである。実際の役割分担（仕分け）は容易ではないので、ここでも中立的立場で差配する仕組みが有効であろう。

⑧　協働事業は、行政の土俵内（行政的公共性）での事業となるが、その土俵をめぐって、NPOと行政の間に認識にズレがある。相互が納得し、力を出していくには、そのズレを補正していくことが必要になる。双方の真摯な態度とたゆまぬ努力、そして、ここでも中立的立場で調整する仕組みが必要だろう。

⑨　協働事業の経験・体験の蓄積をしてほしい。繰り返しの議論、後戻りをしないでもらいたい。評価はともすると評価のための評価になってしまうが、効果的な仕組みにつなげるという目的を見失わずに行ってほしい。

⑩　事務局を担う協働推進課の役割も重要である。最後は、このセクションの頑張りに依拠することになる。その意味では、協働推進課が、関係課とNPOの調整のために走りまわるのではなく、大所高所から適切な方向づけができるように動いてほしい。そのためにも実践的な調整を行う中間支援組織としてのNPOや協働コーディネータの育成も視野に入れてほしい。

**相模原市の例**

ここでは、相模原市の協働事業提案制度を紹介しよう。

相模原市の協働事業提案制度には、協働事業提案とアイデア提案の二つがある。協働事業提案にも、二つの区分があって、①市民が課題を設定して提案する市民提案型協働事業と、②行政が企画し、具体的に実施する事業の内容を提案する行政提案型協働事業がある。アイデア提案は、市民提案型協働事業の提案につないでいくアイデアを出す仕組みである。

この協働事業提案制度の特徴としては、以下の二つがある。

① 早い時期から関係課を巻き込む仕組みをつくっている点である。スケジュール表を見ると、六月中旬から八月下旬まで、各事業提案について提案団体と事業関係課との協議を行っている。その間、必要があれば現地確認なども共同で行っている。早くからスタートすれば、多くの情報も共有できるし、アイデアも追加できる。双方が知恵を出せる仕組みとなっている。

② 提案制度の運用自体を協働事業として取り組んでいる点である。市民提案を成案化・事業化するための組織（協働事業推進委員会）に、中間支援組織（さがみはら市民フォーラム）が参加するとともに、協働事業の調整役も行っている。

図12　協働事業提案制度の流れ（相模原市）

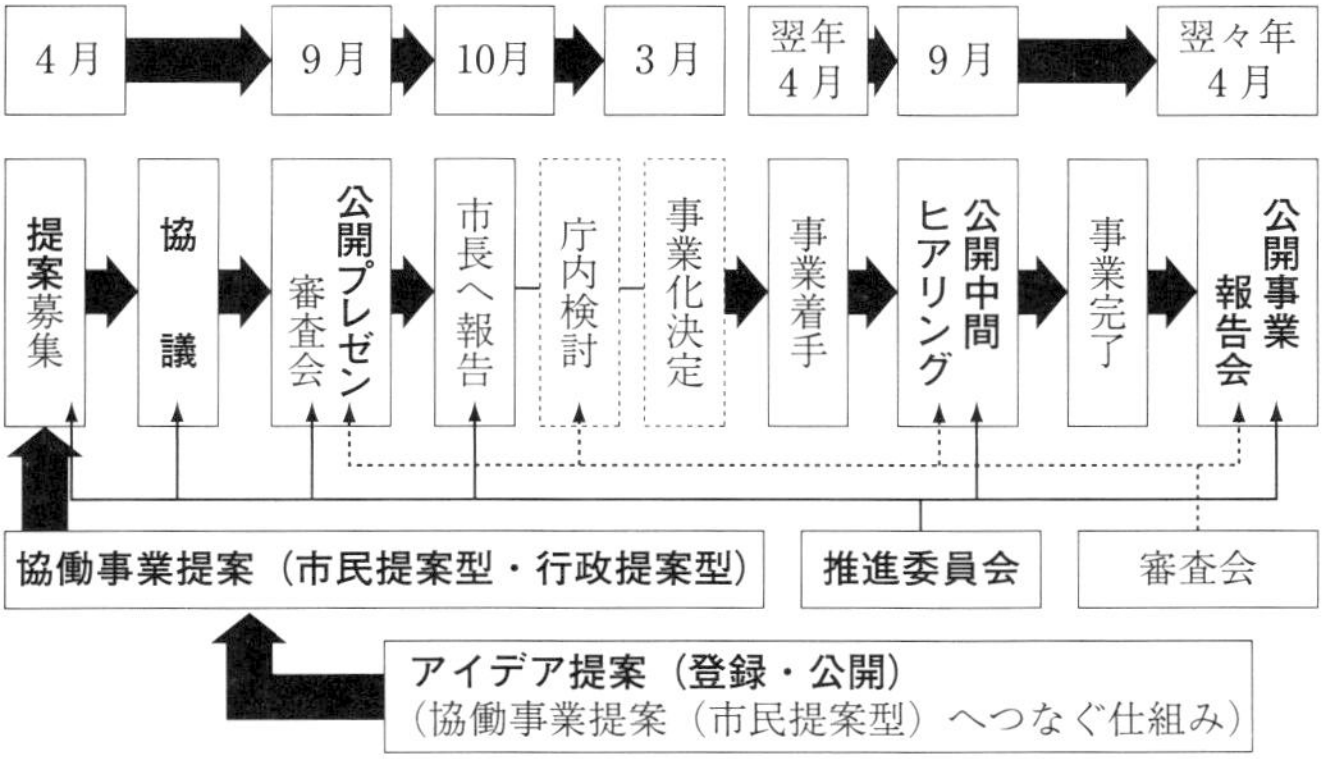


### エ　市民がＮＰＯを支える制度

ＮＰＯの支援に行政が関与すると、知らないうちに上下関係が出て来てしまうことから、行政を介さずに、市民同士の協働が行われることが好ましい。また行政の枠内で協働事業をやっていると、縮小再生産に陥ってしまうが、市民がＮＰＯを支えることで、自由で新しい発想が生まれ、育っていくことになる。

#### (ア)団体希望寄付制度

応援したい団体を希望できる寄付制度である。受け皿として行政が運営する基金が寄付を受け、基金は寄付者の意向を踏まえて、ＮＰＯに寄付を渡す制度である。寄付者の方は、税法上の優遇措置（所得税法上の所得控除、地方税法上の税額控除）を受けながら、自分の意向を反映できることになる。

山形県の制度では、登録団体のなかから、応援したい団体を選び、その希望を添えて寄付する（個人の場合五〇〇〇円から企業・団体の場合は五万円から）こととしている（埼玉県が最初に実施した。埼玉県の制度も参考にしてほしい）。

寄付が増えないのが、税金がネックだとすると、この制度は効果的である。たしかに寄付状況を見ると、この制度には一定の効果があることが分かる。

なお、山形県の制度では、応援したい活動テーマを希望できる寄付、地域（村山、最上、置賜、庄内）をテーマとする寄付もできる。

### (イ)パーセント条例

#### ●パーセント条例の意義

パーセント条例とは、市民が支払った税金の数パーセントを自分が指定するＮＰＯ（自治体）が行う事業に使うように指示・指定できる条例である。その意味で、使途指定条例ともいうことができるし、また選択を投票と考えれば市民投票条例の一種ともいうことができる。

パーセント条例の意義・ねらいとしては、ＮＰＯの支援、市民参加の具体的試み、税に関する関心を高める等があるが、特筆すべきは、市民がＮＰＯを支える仕組みという点である。

表５　寄付状況（山形県 H19年度　平成20年３月31日現在）

| 区　分 | 金　額 | 件　数 |
|---|---|---|
| 一般寄付 | 2,746,432円 | 34件 |
| 分野希望寄付 | 2,412,959円 | 12件 |
| 団体希望寄付 | 17,192,407円 | 61件 |
| 合　計 | 22,351,798円 | 106件 |

本来、公共の担い手であるＮＰＯは、市民が支えていくのが最も望ましいのはもちろんであるが、現実はそこまでには至っていない。その分、行政支援が大きな比重を占めているが、行政が財政的な支援すると、どうしても「交付する側と交付を受ける側とに力関係のようなものが生じがち」で、支援を受けるＮＰＯは、行政の下請け、手足となってしまうということが心配される。その点、行政が直接支援するのではなく、市民が支援するかたちとなるパーセント条例は、こうした懸念を乗り越える具体的な提案になる。

また、市民による支援は、ＮＰＯの活性化になり、とりわけ地域の小規模活動団体を活性化させる効果がある。またＮＰＯの自立、社会的責任といった効果も期待できる。

**●市川市の１％条例**

日本で、この制度を最初に導入したのは市川市である（市川市納税者が選択する市民活動団体への支援に関する条例）。

市川市の方式は、個人市民税を完納している市民が、特定のＮＰＯ

の事業を指定して、個人市民税の一％相当分を支援するものである。ハンガリーのパーセント法に準拠した制度となっている（この制度の詳細及びハンガリー等における運用実態については、私と茶野順子氏との共著『新しい公共を拓くパーセント条例――元気なまちづくりのための政策条例の提案』（慈学社）を読んでほしい）。

指定の対象は、支援を希望する特定の団体で、その団体がエントリーした福祉、環境、文化・スポーツ、青少年育成などの公益的な事業に対して、その必要な経費の二分の一までを支援の対象とする。ＮＰＯそのものではなく、ＮＰＯの事業に対して使途指定することに注意をしてもらいたい。

支援の仕組みは

①　支援金の交付希望団体は事業計画を市に提出

②　要件を満たしていると判断された団体の事業を広報特集号・市のホームページで公表

③　個人市民税納税者は、自分が支援したい団体を一つ選択するか、特定団体を希望せず基金に積み立てることを選択するかを記載して郵送（選択の受付は窓口でも可）

④　市は、納税者の選択結果を集計し、市民税額の一％に相当する額の合計額、団体に対する支援金交付予定額等を公表し、審査会に諮った上で支援金の交付決定

するというものである。
⑤ 補助金額は、納税者の前年度の個人市民税額の一％相当額（支援対象事業経費の二分の一を限度）
⑥ 手続は、広報特集号に印刷された返信用封書を郵送。窓口、電話、インターネットでも可能
⑦ 審査機関は、市民で構成する市民活動団体支援制度審査会
となっている。平成一八年度実績は、九六団体一一九四万八四八〇円である。
市川市パーセント条例の課題としては次のようなものがある。
① 当初は、指定できるのが個人市民税納税者に限られていたが、この点が許容できない程度の不平等・不公平であるという意見が強かった。そこで市川市では範囲を広げる制度改正を行った（地域ポイントを有する者も投票できる）。
② コストの問題もある。特に一人ずつの指定手続に莫大な経費がかかる（市川市では人件費・事務経費で三〇〇〇万円かかっている）。そんな膨大な費用を使うのならば、その分をＮＰＯ支援に回したほうが効果的であるという批判も出てくる。
③ 市民は適切に選択できるかという問題である。平成一八年度では市川市では対象は九八団

体にも及んだが、判断資料は、「広報いちかわ」特集号（一団体縦八センチ×横一一・五センチの枠）、ケーブルテレビ（三〇秒）、公開プレゼンテーション（市内四箇所）、パンフレット等である。工夫を行っているが、これで適切に判断できているのだろうかという問題である。

④ 制度の悪用の防止策である。市民が市民（活動）を支えるという原理に忠実であるがゆえに、悪用の危険もある。一種の税金逃れの方法として、この制度が悪用されるおそれである。この点の信頼が揺るげば、この制度は根幹からくつがえるが、その点の担保は十分なのか、おかしな運用がなされていないかという問題である。

**●動き始めたパーセント条例**

市川市がパーセント条例を制定して以後、多くの自治体が、市川市に追随するかと思われたが、検討に踏み出す自治体はほとんどなかった。ネックとなったのは前述した課題の多さ＝制度設計の難しさである。

この制度を原理的に考えると、納税者にこだわることになる。そうすると、投票権者の確定（滞納していないかなど）、個人市民税の一％相当分の計算といった事務的・技術的に煩瑣な課題が山積する。それが運用コストに跳ね返るのである。

他方、納税者にこだわらず、市民の自治の推進を目的とすると、制度設計は容易になる。最近になって、奥州市、恵庭市、一宮市で、特徴ある制度がつくられ始めたが、いずれも自己の納税額にこだわらずに、投票権者を決めている。

奥州市では、NPO支援にまわるのは、個人市民税の〇・四%分を世帯で割戻した金額である(〇・四%はオー・シューという語呂に由来する)。その他の都市は、個人市民税の一%分を市民数で割戻した金額が選択の対象額である。

奥州市の場合、投票権者が世帯となっているのが興味深い。家族で仲よく話し合って決めてほしいという政策意図であろう。一宮市は一八歳以上の市民である。一八歳ならば一人前の大人ということだろう。恵庭市は中学生である。中学生のうちから、地域のことに関心を持ってもらおうというねらいがよく分かる。なお、市川市の投票権者は納税者であるが、これは市川都民といわれる東京通勤者をターゲットにしているのだろう。いずれも、この制度を通して、地域のことに関心を持ってもらおうとする政策意図が感じられる。

表６　パーセント条例（規則）

| | 市川市 | 奥州市 | 一宮市 | 恵庭市 |
|---|---|---|---|---|
| 名称 | 市川市納税者等が選択する市民活動団体への支援に関する条例 | 奥州市市民が選択する市民公益活動団体への支援に関する条例 | 一宮市民が選ぶ市民活動に対する支援に関する条例 | 恵庭市市民活動支援推進規則 |
| 目的 | 市民の納税に対する意欲及びボランティア活動等に対する関心を高めるとともに，市民活動団体の活動の支援及び促進 | 市民の市政への参画及び納税に対する意識の高揚を図り，もって意欲ある市民公益活動を推進 | 市民の市民活動に対する理解及び関心を高めるとともに，市民活動団体の活性化及びその活動の促進 | 市民活動の支援及び活性化を図り，地域の力を高める |
| 補助額 | 各支援対象団体を選択した納税者の前年度の個人市民税額の１パーセントに相当する額の合計額のうち当該支援対象団体に係る額 | 個人市民税納税額の0.4パーセントに相当する額の範囲内で予算で定める額 | 一宮市の個人市民税に係る調定額の１パーセントに相当する額を，同日現在の18歳以上の市民の人口で除して得た額を考慮して市長が定める額 | 当該支援対象団体を選択した市民の選択数を合計した数に別に定める金銭に換算した額を乗じて得た額とし，１事業につき50万円を限度 |
| 投票者 | 納税者・地域ポイントを有する者 | 市内に住所を有する者で構成される世帯 | 18歳以上の市民 | 中学生以上 |
| 支援対象 | 支援したい支援対象団体を３団体以内選択する（地域ポイントを有する者については１団体） | 認定を受けた事業のうちから１事業を選択して行うものとする | 支援対象団体を３団体以内で選択 | 支援対象団体を１団体選択する |

## 6　NPOの公共性を育てる仕組みづくり

### ア　市民の自律と貢献性

#### 協働の源泉としての市民

協働の源泉となるのが良質な市民である。今、私たちは、民主制という仕組みのなかで、暮らしているが、この民主制は、実は過去の歴史を見ても、成功例が乏しく、運用が難しい政治形態である（元祖のアテネは、あっという間に自壊し、フランス革命では、直後から市民が市民の虐殺を始めている。最高の民主的憲法といわれるワイマール憲法のもとでは、ドイツ人は国民を上げて、ヒトラーの登場に喝采をおくり、アウシュビッツの悲劇を引き起こした）。この民主制という制度がうまくいく前提は、私たち市民自身が、①自律性を持っていること、②共同体のことを、我がことのように感じられる有徳性を身につけることが必要である。なぜならば、民主制はみんなで決める仕組みなので、自分勝手をいっていては、まとまらないからである。全体に配慮できなければ正しい決定できないからである。市民自身が、この重みに耐え切れないと、行政を頼り、強いリーダーを求めることになる（市民と民主制の関係については、山本周次『旅と政治――思想家の異文化体験――』（晃洋書房）から、多くの示唆を受けた）。

全国で行われている自治基本条例の活動は、実は、こうした市民像を自覚し、再確認するための運動である。流山市では、市民自身が、「自治始めます」として、市民の市民性を高める活動から開始している。

**仕組みとしての政策提案手続**

最近では、市民参加条例等で市民政策提案手続を採用している例が多い（最初に条例化したのは、和光市市民参加条例である）。これは市民一〇人が連署で市に政策提案できるという制度で、政策提案を受けた行政側は、きちんと検討し、その検討結果・理由を公表するという対応を求められる。

この制度の意味するのは、市民といえども政策提案をする場合は、目的、内容、要する経費、実施手法、スケジュール等をきちんと考えて、政策提案しなければいけないというものである。その際には、市民全体の利益を考慮して提案されることが必要である。逆にいうと、こうした提案が出てきた場合、行政は正面から精査・検討し、その結果を公表するというのが政策提案手続である。

しばしば市民参加制度は、声の大きい市民を助長するものであるという批判が、根強く主張されている。しかし、この政策提案手続に示されているように、参加には自律性、貢献性が要求される。参加制度は実は、市民を鍛える制度であるといえる。

### 仕組みとしての市民ＰＩ

最近、希望する市民が集まって、条例や政策をつくる方式（市民会議方式）が目立ってきた。ここで注意すべきは、市民がつくったからといって、市民の条例や政策になるわけではないということである。公募型市民委員は、たしかに市民ではあるが、他の市民から信託されているわけではなく、市民の代表とはいえないからである。その市民が案をつくっても、その人たちの案にすぎず、市民全体の案とはいえないからである。

市民会議の会合などがあると、あえていうようにしているが、市民委員はまちに出た時に、一般の市民から「私はあなたに信託した覚えがない」、「ご苦労は多とするが、その意見は、あなた個人の意見ではないのか」といわれる場合があることを覚悟しなければいけないのである。

そこで、市民委員のまちづくりに対する思いを大事にしつつ、その社会代表性・市民代弁性を獲得する術を開発しなければいけないが、その試みのひとつが、市民ＰＩである。ＰＩ（パブリックインボルブメント）は、道路行政などで、行政が市民の意見を聞く手法として始まっているが、これに対して、市民ＰＩは、市民が主体となって市民の意見を聞きながら、市民としての意見をまとめていく手法である。

流山市の自治基本条例づくりでは、これを実践し、市民の人たちが、街に出て、市民の声を聞きながら条例をつくっていった。人が集まる機会があれば出向いて意見を聞いたという。回数にして一一九回、三四〇〇人。簡単にできることではない。

この制度のメリットは、市民自身が変わっていくことになる。自分たちの案が、市民の意見を代表・代弁していなければ、声を聞いた市民から強烈なしっぺ返しをくらうことになる。市民ＰＩは、熟議型民主主義の可能性を開く仕組みともいえる。大げさにいえば、民主主義における市民の市民性を鍛える方法でもある。また、手弁当でこうした取り組みを行う市民がまちにいるということは、何よりもまちの財産である。なお、市民ＰＩのかたちは一様ではないので、その土地にあった、さまざまな取り組みが進められることを期待したい。

## 仕組みとしてプラーヌンクスツェレ

プラーヌンクスツェレとは、無作為抽出で選ばれた市民が、一定期間有償で、そのまちの課題について討議し解決策を提案する方式である。たとえていうと政策の裁判員制度のようなものである。ドイツ由来の制度である。

この方式のメリット（優位性）としては、①無作為抽出によって選出された参加者によって地域の縮図ができること、②参加報酬を出すことで、責任感・積極性の誘発し、よい意見・まじめな意見を引き出すことができること、③適切な提供情報、短期集中の会議で充実した議論ができるとされている（鈴木和隆「新潟市における住民自治活性化のための行政のあり方に関する研究――『プラーヌンクスツェレ』方式による住民参加の推進――」政策研究大学院大学修士論文）。

ドイツの場合と違って、日本の地域では、①参加者の固定化・特定化を防いで、新たな参加者を掘り起こす、②偏った意見を排除して、社会を代表する意見を集約する、③集中した議論で熟議による決定が可能であるといった制度としての活用が有用だろう。

私の体験でも、この制度は、新たな市民を掘り起こす仕組みとして有効である。自ら手を挙げては参加しないが、声がかかれば参加するという市民は少なからずいるからである。抽出で選ばれて、実際に参加してくる層は、思いのある市民で、この制度は、こうした人たちを自治の世界に引き込むきっかけづくりとなる。

この制度の課題は、有償性であろう（有償といっても一日拘束して五〇〇〇円前後である。時給にすると学生のバイト代よりも安いくらいになる）。地域では、多くの事業がボランティアで行われているが、それとの整合性が難しいからである。今後、さらなる検証を行いながら、適切な答えを出していくべきだろう。

ここに参加した市民が活き活きと議論しているのを見ると、とりわけ団塊の世代の出場所づくりという点では、面白い制度になると思う。

### イ　公共のルール

**公共ルールづくり**

政府が活動する場合は、厳格の法的ルールのもとに行動する。これは政府には権力主体（自由の侵害者）と市民の政府（納税者高権）といった側面があるからである。

NPOは政府とは異なるため（市民の信託を受けていない）、行政に適用される法的ルールが、そのまま当てはまることはないが、公共主体という意味で、一定の公共ルールを遵守して行動する責務を負うと考えるべきである。

公共ルールのうち主なものを上げると、以下の二つである。

①　公的な事業に参加する場合は、公的な約束事をきちんと遵守し（雇用契約・保険加入、税金納付等をきちんと果たす）、結んだ契約は守ることが必要である。NPOの場合、いい事をしているのだからという動機が先行し勝ちであるが、公共の場面ではこのような論理は通用しない。要するに、組織としての当たり前の責務を果たすということであるが、それが結

局は住民の信頼を得る方法でもあろう。

② 公的な資金を受ける場合は、プライベートな取り扱いではすまない。直接的な行政支援を受ける場合は、税金の使い道について、アカウンタビリティが求められる。政府に準じた情報公開や説明責任を果たすことが求められる（当該ＮＰＯに関係のない納税者にとってみたら、こうした責務を果たすのは当たり前のことである）。

なお、公共ルールに準拠するのは、テーマ型のＮＰＯに限られず、自治会・町内会といった地域組織も含まれる。民間公共セクター全体の問題である。

**ＮＰＯ法の公共ルール**

ＮＰＯの公共ルールづくりにあたって、参考になるのはＮＰＯ法の規定である。

ＮＰＯ法第二八条、第二九条、第四四条では、ＮＰＯの事業内容等の外部公開を規定しているが、これは情報開示することで、市民相互のチェックによる自浄作用を期待したものである。社会的コントロールシステムのひとつである。

第二八条では、ＮＰＯ法人は、毎年はじめの三カ月以内に、前年の①事業報告書、②財産目録、③貸借対照表、④収支計算書、⑤役員名簿、⑥役員のうち前年に報酬を受けた者の名簿、⑦社員のうち一〇人以上の者の名簿を作成し、これを三年間、主たる事務所に備えつけなければならない。また、社員その他利害関係人から、請求があった時は、正当な理由がある場合を除いて、これら書類や定款等は、閲覧させなければならない。

なお、第二八条の閲覧請求ができるのは利害関係人に限られている。第二九条（所轄庁での情報開示）と違って請求できる者の範囲が限定されているのは、「事務所スペースや対応できる職員数に配慮したもの」とされている。

第二九条では、NPO法人は、毎年一回、①から⑦の書類及び定款等の写しを所轄庁へ提出しなければならない。所轄庁は、これら提出された書類等を三年間保存し、閲覧の請求があった場合は、閲覧させなければならない。

こちらは所轄庁による情報開示に関する規定である。第二八条の場合とは違って、閲覧対象者を限定せず、誰でも見ることができる。

第二九条に示されている以外の書類（予算書や事業計画書）について、所轄庁は提出を義務づけることはできないが、NPO法とは別の視点から（たとえば、NPOの支援条件として）提出を義務づけることはできる。

## 公共ルールの方向性

公共主体であるNPOを市場原理と市民責任でチェックしようというねらいが、その理念どおりに機能するためには、さらなる制度的な整備・充実が必要であるからである。

具体的には

①　市民の異議に対して、ＮＰＯ自身が自主的に調査し、説明し、発表する仕組み

②　情報開示の基盤となるプラットホームづくり。市民がいつでもインターネットで簡単に見ることができるようにする

③　縦覧や閲覧等の情報公開に出す資料の充実

④　情報の提供方法の多様化（コピー、フロッピー、インターネットなど）

⑤　公開情報の記載項目の統一・充実

などが考えられる。

⑥　同時に、縦覧や閲覧に対する市民の関心が乏しければ、この制度は機能しないから、市民の関心を高めるための施策も重要である。

こうした市民コントロール制度を含む総合的な制度、仕組みを体系化したのが、市民協働条例ということになる。

## 7　協働政策のつくり方――ふさわしいつくり方

### 協働政策のつくり方

協働を以上のように考えると、協働政策のつくり方がおのずと決まってくる。私は市民協働立法のつくり方を提案しているが（松下啓一『自治基本条例のつくり方』ぎょうせい）、これは協働政策づくりにも当てはまるだろう。

第一は、協働政策のつくり方は、まちによって違ってくることである。人口一九〇人の村と三六〇万人の市とでは、行政や議会と市民との距離、市民やコミュニティが果たす役割も違ってくる。おのずと採用できる手法も違ってくる。自分たちのまちにふさわしいつくり方を見極めなければいけない。

第二は、できるかぎり野球は九人でつくるのが基本となる。テーマによっては市民のかかわりが違ってくるが、自分たちの政策だと思えるようにつくるのが基本である。当事者になれば愛着も生まれ、責任も出て来る。

第三は、どの政策にもいえるが、実効性が十分担保され、それで市民の生活が実際に幸せになるようにつくることが大事である。今ではかたちだけの政策をつくっている余裕はないだろう。そのためには、単なる心がけにとどまらずに、政策が動いていく仕組み・仕掛けが大事である。みんなで大いに知恵を出すべきである。

### 審議会・市民会議

市民が参加して検討する形式には、大別すると、審議会方式と市民会議方式がある。

審議会方式は、よくあるパターンであるからイメージは簡単だろう。ここに参加した市民は、形式的には市民の代表として役所から委嘱を受けた市民である。この答申を行政が受け取り、ほぼそのまま政策案とするのが通常である。これは行政への市民参加の範疇である（実際の案は事務局が書くことが多い）。

市民会議方式では、公募で集まった市民が検討する方式である。この検討組織は、行政とは別組織で、その検討結果は当然のように行政に引き継がれない。行政との間にパートナーシップ協定が結ばれるが、そこでまとまった意見（政策原案）は、尊重することが約されるが、ひとつの意見という位置づけである。これは協働の方式である。

市民会議方式の場合、ここに集まった市民は、市民の代表ではない。市民から信託されたわけでもなく、役所から市民代表として委嘱を受けたわけではない。前述のように市民委員は、市民説明会の際に、「私はあなたに信託した覚えがない」と言われると、怯んでしまうだろう。

この市民の弱さをどう克服するかがポイントである。

そのひとつの方法が、前述の市民ＰＩである。それ以外の方法もあるだろう。ポイントは市民代弁性の獲得である。今後の開発が待たれる分野である。政策現場で大いに知恵を出してもらいたい。

## 市民協働立法ルールの構築

最近では、条例を市民協働でつくる場合も出て来た。条例づくりは、専門性が高く、技術的要素も多いから、市民協働の対象とするのは無理があると思われていたが、自治基本条例や市民協働条例では、検討の最初から、市民の主体性を発揮しつつ条例をつくるケースが生まれてきた。市民協働立法である。

市民協働立法は、試みが始まったばかりであり、まだまだ課題も多い。特に問題なのは、市民の多くは条例づくりを条文づくりと誤解している点である。そのため、インターネットで関連条例を調査して、それを組み合わせて条文をつくるといった例も散見される。

**表7　審議会方式と市民会議方式**

| | 性質 | 委員 | 市民参加 | | 専門性の確保 | 利害調整 | 行政との関係 |
|---|---|---|---|---|---|---|---|
| | | | 市民代弁性 | 市民的叡智の結集 | | | |
| **審議会方式** | 行政からの諮問・答申 | 学識経験者，団体代表・推薦，公募市民など | 各界・各種から市民委員を選出することで実現する。⇔市民的広がりが弱い | | 学識者の参加 | 利害関係者の代表 | 協力関係<br>・資料提供<br>・答申案の作成 |
| **市民会議方式** | 市民自らが原案を考えていく | 公募市民 | 多数の市民が参加し，自由に議論する方法で実現する⇔多数の市民が集らない | | 専門家による別組織を用意 | 別途の行動が必要 | 対等関係<br>・パートナーシップ協定 |

いうまでもないことであるが、条例づくりの基本となるのは、立法事実の積み上げである。立法事実とは、条例の基礎にあって、その合理性を支える社会的、経済的、文化的な事実である。つまり、立案当時も現在も、条例は事実で基礎づけられていることが必要であるということである。立法事実というと大げさであるが、要するに、何かを決めるのはきちんとした根拠が必要という当たり前のことといっているにすぎない。

その他、多様な市民参加の機会、評価・反映の機会、行政の過度の干渉を防ぐ仕組み、市民案と行政の見解を調整する仕組みなど、市民協働立法には課題が山積している。この詳細については次の機会としたい。

# おわりに――協働は何を変えるのか

何度も例に出しているが、協働は野球の話にたとえると分かりやすい。自治体のメンバー（役所、議員、市民）の全員が参加して、野球をするというのが協働である。つまり協働の本質は、行政は行政の、議員は議員の、市民は市民の、それぞれのポジションをしっかりと守るという当たり前のことである。それぞれの公共の担い手が、公共主体としての自分の役割を確認し、精一杯活躍するのが協働である。

この野球の試合において、中心として活躍するのが行政である。

首長は、リーダーとして、適切な指示を出し、自らも率先して動かねばならない。私は市長を評価する指標をつくっているが、協働型市長、参加型市長、リストラ型市長の順でランクづけをしている。

職員は、法的には補助機関ではあるが、いわれたことだけをしているだけでは補助にはならない。全職員が自治経営を意識して、一〇年、二〇年後の自治体の姿を頭に描きながら仕事をしていかねばならない。市民と一緒に考える時は、市民とは水平な関係が基本である。

議員は、自治の専門家でイチローである。レーザービームで本塁タッチアウトを期待している。

市民は、お客さんではなく、自治の主体である。そのためには、まず自分たちのまちを知り、好きになってほしい。無関心から関心へ、関心を同じくする者同士が集まって行動し、時には行政と汗を流してほしい。協働は、自立・自律、対等、信頼、責任の市民文化をつくるパラダイムである。

最後に重大な疑問がある。九人で野球をやるのは分かったが、野球をやって本当に勝てるのかという疑問である。少子高齢化・人口減少は避けられず、東京の一極集中（少なくとも大都市圏への集中）は歯止めがかからないなかで、どんなに頑張っても自立できないまちが出て来るのではないかという疑問である。

残念ながら、合併などのさまざまな手法を使っても、自立できない自治体はたくさん出て来ると思う。それは仕方がないことである。なぜならば、日本は、もともと富は都会で生産し、地方は人材や食料、自然を供給するという役割分担で発展してきた国だからである。地方分権は、これを大きく変える可能性があるが、いくら地方分権でも日本全体で補完し合う仕組みはつぶすべきではない（単純な地方分権は、経済力が強い自治体のみが生き残ることになる）。

その際、重要になるのが補完（支援）の基準である。補完を納得できる仕組みといってよいかもしれない。財政指標といった客観的な数字もあるかもしれないが、最後は、一生懸命に野球をやっているかどうかが、分かれ道になるように思う。なぜならば、一生懸命頑張っているところは応援したくなるのが人情だからである。

# あとがき

書こう書こうと、思っていた『市民協働の考え方・つくり方』をようやく上梓することができた。参加とは違う、もうひとつの世界（協働）の存在とその深さ・広がりに気がついたのが、一九九〇年代の初めのころであるから、ずいぶんと時間がたってしまったことになる。

本書の主題は、協働の再構築である。協働の普遍化とともに、協働が市民と行政が一緒に汗をかくことに矮小化され、その結果、協働が行政の土俵内のことに限定されてしまった。せっかくの市民の主体的な動きが、行政の魔力に絡めとられてしまうおそれが生まれ、行政が協働にまじめに向かい合おうとすればするほど、その懸念は現実のものになっていくというのが私の問題意識である。協働の原点に立ち戻って、協働の意義を考えてみようというのが本書のねらいである。

本書は、奈良・大柳生の萌書房から出すことになった。萌書房といえば、哲学書であるから、私の軟派な本とはややミスマッチのような気がするが、縁あってお世話になることになった。代表の白石徳浩さんとは、大阪国際大学以来のご縁になるが、意気投合、一緒にやっていくことになった。白石さんのモットーは、「志は高く、収入は低く」とのことであるが、本書がこのモットーに沿うものになるか、あるいは裏切ることになるかは、読者のみなさんの評価次第ということになる。

私事ではあるが、昨年の春、相模女子大学（サガジョ）に移った。サガジョといえば、今から四〇年以上も前、近くの高校に通う純朴な学生であった私にとっては、憧れの女子高であった。特に、その制服の清楚さは、私の表現能力では適切に再現することはできないが、ともかく魅力的だったことを覚えている。この本は、そのサガジョに移って初めて書いた本ということになる。社会マネジメント学科という、要するに文句をいうだけでなく、提案できる能力を身につけることを目標とする学科で、今、学生たちといろいろな試みを行っている。次の機会には、学生たちと一緒に萌書房から本を出したいと思う。

少子高齢化・人口減少、産業・雇用環境の激変のなかで、自治体は厳しい状況に追い込まれている。この難局を乗り切るには、行政、議会、市民という自治体の全員が、自治の当事者になり、そして、まちのことを我がことのように感じて、知恵を出すしかないであろう。自治の原則、民主制の原則であるが、本書をひとつの手がかりに、あちこちの自治の現場で、民主主義の実践が展開されることを期待したい。

二〇〇九年五月三日

松下 啓一

■著者略歴

松下啓一（まつした　けいいち）

相模女子大学教授（前大阪国際大学教授）。パートナーシップ市民フォーラムさがみはら顧問。専門は現代自治体論（まちづくり，NPO・協働論，政策法務）。中央大学法学部卒業。26年間の横浜市職員時代には，総務・環境・都市計画・経済・水道などの各部局で調査・企画を担当。ことに市民と協働で行ったリサイクル条例策定の経験が，公共主体としてのNPOへの関心につながる。

**主要著作**

『自治基本条例のつくり方』（ぎょうせい），『協働社会をつくる条例』（ぎょうせい），『新しい公共と自治体』（信山社），『市民活動のための自治体入門』（大阪ボランティア協会），『政策条例のつくりかた』（第一法規），『図解地方自治はやわかり』（学陽書房），『つくろう議員提案の政策条例——自治の共同経営者を目指して——』（萌書房）　ほか

市民協働の考え方・つくり方　〈市民力ライブラリー〉

2009年6月20日　初版第1刷発行
2013年3月31日　初版第2刷発行

著　者　松下啓一
発行者　白石徳浩
発行所　有限会社　萌《きざす》書房
〒630-1242　奈良市大柳生町3619-1
TEL（0742）93-2234 / FAX 93-2235
［URL］http://www3.kcn.ne.jp/~kizasu-s
振替　00940-7-53629

印刷・製本　共同印刷工業・藤沢製本



ISBN978-4-86065-049-0